子どもの可能性を引き出す魔法

吉田 敦子
YOSHIDA ATSUKO

幻冬舎MC

子どもの可能性を引き出す魔法

はじめに

私は現在、「くしろ子ども未来塾」という塾をＮＰＯ法人として仲間と共に運営しています。日々子どもたちと向き合う中で感じたこと、気づいたことを、現在育児中の方やこれから親になる方、教育関係者など子育てに関わる方々に向けて伝えたいと思い、この度筆を執りました。まずは、私がどのような経緯で塾を設立したのか、簡単な生い立ちを踏まえてお伝えさせていただきます。

私は昭和24年、北海道釧路市生まれ。父は昭和14年に開業した畳製造販売業を営んでおり（現在は兄が継承）、６人兄弟の三女として賑やかな家庭で育ちました。ただ、畳工場と住宅が同じ棟にあったので、通いの職人さん、住み込みの職人さん、取引業者さんなど常に人の出入りがあった落ち着かない環境でした。また、兄と弟に挟まれていただけではなく、近所には女の子が１人いただけで、その子も小学校に上がる頃には引っ越していってしまったので、町内会は男の子ばかりでした。そのような環境でしたから、遊びと言えば男の子の遊びばかり。車社会ではなかったので家の前の空き地で、野球、缶蹴り、チャンバラと、少しも女らしくないと父に叱られていたものです。

そんな子ども時代に、日本舞踊との出会いがありました。当時はお祭りなどに駆り出されることも多く、踊り三昧。子どもだったので、楽しさしかなく、夢中になっていきました。

中学から高校へと変わる時に、自分にとっての大きな曲がり道があり、親の勧める高校へ進学。卒業時、学校が勧めた就職先には行かずに上京し、もう少し勉強をしたいと専門学校へ行きながら会計事務所でアルバイトとして働きました。4年が過ぎた頃、母が交通事故に遭ったという知らせを受けて帰郷し、その後東京に戻ることはできませんでした。

でも、働くことの楽しさを東京で知り、商売への憧れも芽生えていたため、23歳という若さで、当時流行っていたブティックを釧路でオープンしました。小さいながらもこのお店は、釧路では初のブティック、第1号店でした。

この時のエピソードと言えば、当時大人気の某デザイナーズブランドに買い付けに行った時のことです。なんの実績も人脈もない私が商品を扱いたいとアポなしで訪問したにもかかわらず、創設者の社長が快く会ってくださり、取引に応じてくれたのです。保証金も取らず、必要な分だけの仕入れでよいとの契約は、資金力のない私には夢のような話でした。私の熱い思いだけを信じていただいたことがありがたく、生涯忘れ得ぬ思い出です。その後、長く経営に携わってこられたのも、この時の経験があったからこそと改めて思います。

やがて昭和50年に結婚。52年から夫が経営する会社の経理を担当するようになったのですが、ある時は作業員として現場に出て朝から晩まで働くこともありました。57年に第１子、62年に第２子が誕生してから現場に出ることもなくなり、育児と経理の仕事に専念するようになりました。そして、子育てが一段落した頃から奉仕活動を始め、地域貢献事業にも取り組み始めました。

私は10代の頃から、釧路のような北海道の地方都市は教育も文化も経済もすべてにおいて東京などの大都市と比べて差があることに疑問を感じていました。とくに2児の母となり子育てをするなかで感じたのが、教育の格差でした。大都市に住み、満たされた教育環境の中にいる子と自分の子が受験で対等に戦っていくにはどうしたらよいのだろう？　地域格差を乗り越え、子どもたちをどうやって社会に送り出していけるのだろう？こうして教育の大切さを考えるようになりました。

　どの親御さんもそうでしょうが、子どもの将来は幸せであってほしい、自分の力で生きていける人になってほしいと願います。私は不況に弱い地方都市に住むせいでしょうか、子どもたちには景気や社会の経済状況に左右されない職業に就いてほしいと思い、そのためにまず学力を高めるレールを敷いたような気がします。その結果かどうかは分かりませんが、２人とも国立大学の医学部に進学し、さらにハーバード大学院へと進みました。

　都会からほど遠く、入ってくる情報も限られています。それでも子どもたちには広い世界を見せてあげたいと思い、関連雑誌を取り寄せては知識を得ていたことを懐かしく思い出します。

そのような私自身の経験を通して気づいたのが、どんな環境であっても夢を諦めたり、逃げ出したりしてはいけないということです。次代を担う子どもたちに「諦めなければ夢はかなう」と伝えたい。そして、「子どもの可能性は無限大であり、その可能性を引き出す環境づくりは親や周囲の大人にしかできない」という思いが強くなり、くしろ子ども未来塾の設立へと広がっていきました。

２０１２年3月より開始し、12年目に入ったところです。

「地域で育てる子どもたち」をスローガンに講師の皆さまと頑張っていますが、そのくしろ子ども未来塾、さらに私自身の子育てや生き様から子育ての参考となることがありましたら嬉しいです。

目次

第1章

くしろ子ども未来塾

子どもの可能性は無限大。その可能性を引き出してあげるきっかけ作りは、親や周囲の大人にしかできません。どのような環境に子どもを置くかで子どもの人生は大きく変わります。やがては、未来を担う子どもたちにこの国は託されるのです。一人でも多くの子が人間として大きく成長し、他を思いやる心、世の中を広く見る心、諦めない強い心等々を養うため、小さな時から多くのことを体験してほしい。一つでも多くのことを体験している人は社会人としても強く、逞しく生きる力を身につけていくと私は信じています。

一見すると、都会は様々な刺激に溢れています。一般的には、子育てや子どもの教育のためには都心がいいと言われますが本当にそうでしょうか。大切なことは親や周囲の大人たちの子どもへの関わり方であって、必ずしも物質的な豊かさや刺激だけが子どもの成長や可能性を決めるわけではありません。

社会に感じること

地方都市における、あらゆる格差は現在に始まったことではありません。私が10代の時には既にそれを強く感じていたのですから、ずっと昔からのことと思います。特に進学では家庭の経済力に大きく左右されていました。子どもを一人、親元から離して大きな都市に送り出すには相当な資金が必要になります。このことからも想像していただけると思いますが、私が10代の頃は、本人の学力よりも親の経済力という矛盾した時代でもありました（格差の広がってきた現在もまた、同じことが言えるかもしれません）。

教育面では、昨今、その教育方針が効果がなかったと廃止になりましたが、「ゆとり教育」なるものが地方出身者に厳しい結果をもたらしてしまったことは言うまでもありません。私立学校のない地方の街では、まともにその影響を受けてしまったのです。ゆとり教育を取り入れる時、「子どもたちの将来はどうなるのだろう？」「教育格差はますます広がり、将来都会に住む子と受験で戦わなければならないのにどうするのだろう？」そんな不安を私の子どもが通う学校の先生にお話しすると「お母さん、古いですね」と、一蹴されてしまいました。この時、一人の人間が叫んだところで何も変わらないことを痛切に感じました。いつの世も被害を受けるのは取り決めをする大人ではなく、人生を大きく左右される子どもたちなのです。

しかし、格差をまともに受けている地方都市であっても、優秀な子どもを育てている親御さんもいます。私が長年観察してきて思うのは、親の意識の差が子どもたちの進路を決めているのだということ。意識の高い方は早くから子どもをどのように導くかを考えており、そのための情報の収集力には目を見張るものがあります。子どものために一生懸命な姿を日々見せているので、親子の信頼関係は厚く、子どもも従順です。決して無理強いしてはいないのです。このように書いていると学力がすべてのように受け取られがちですが、私は勉強ができればそれでよいという考えは嫌いです。将来にわたって人と関わって生きていくわけですから、大切なのは人間力と思っています。この人間力は勉強だけしていても育まれません。スポーツや文化をはじめ、友達や社会との関わりなどから学んでいくのではないでしょうか。自分を取り巻くすべての人や物との関わりで作られていくと思っています。一つ一つの出会いや体験がいつかは見えない力になり、大切な宝となります。

私の目の前を通り過ぎていった若い人の中には無気力な人、何の興味も持たない人、周囲に気づかいのできない人、自分の才能に気づけない人などなど、勿体ない人生を歩んでいると思われる人もいました。人はどうしてこんなに差がついてしまうのだろうと考えた時、家庭教育、さらには幼児教育の大切さへとたどり着いたのでした。家庭での親の導き方でこんなに違う人間が形成され、人生まで変わってしまう。驚きと同時に怖さを感じました。せめて幼少期を明るく元気に過ごしてほしい。我が子を通して、子どもが笑顔でいられることが一番安心できると確信していた私は、そんな子どもたちの楽しい空間づくり、くしろ子ども未来塾の立ち上げへと情熱を燃やしていったのです。

くしろ子ども未来塾とは？

２０１１年５月、発想から実に十数年、どうしても埋まらなかった枠の学習指導者がやっと決まり、２０１２年３月、現役教師の山本真吾さんの協力を得て、くしろ子ども未来塾を立ち上げることができました。「地域で育てる子どもたち」「子どもは国の宝」と唱え、確かな学力、豊かな心、健やかな体を3本の柱に24の講座を用意し、勉強が好きな子には勉強を、体を動かすことが好きな子にはスポーツを、心の栄養には文化講座を用意し、子どもが好きなことに自由に取り組むことができる仕組みを作りました。

講師の先生たちに一人ずつ趣旨を説明し一緒に活動していただけるようお願いすると、皆さん、いつかは人の役に立ちたいという思いを抱かれていたようで快諾してくださいました。釧路市内で教室を持って指導されているプロの先生たち、そして現役の教師の方々が揃い、スタートしたのでした。

いろいろなことを体験し、子どもたちの将来が豊かなものになってほしいと願い、子どもたちの好奇心と可能性を開花させることを目的としました。

月に1回の開催で、開催時間は2時間、参加費は１日３００円。好きな講座を何個でも受講できるという大変ユニークな形式です。

２０２２年は開設10周年の年に当たり、この2年コロナ禍の影響で参加者が少なくなったとはいえ、通常編では２０２３年５月に参加者が延べ１万人に達したのでした。未来塾には通常編と特別編とがありますが、特別編は臨時的に開催する企画で、野菜作りや走り方教室、両親に向けての講演会など、その時々で求められることを展開します。この他、ステージに立つ緊張感と喜びを体験してもらおうと、各講座で体験していることを発表する場を作りました。会場は８００人を収容できる大ホールです。２０１７年に第１回を開催し、２０２３年４月には第２回目を開催することができました。参加費は無料。ステージに上がって大勢のお客様の前で自分を表現するのは大変な緊張感がありますが、乗り越えた時の達成感は何物にも代えがたい喜びです。様々な体験を通して、できなかったことができる、知らなかったことを知ることができる未来塾は、可能性に溢れています。

子どもも先生も親も皆が笑顔になれて、三方良し！　また「習い事のデパート」とも言われ、開始から10年経過した今でも未だに人気があります。運営を手伝うスタッフもユニークで、10代から90代の地域の人が来てくれています。子どもから元気を貰えるという方、社会に恩返しをしたかったので未来塾のお陰で実現できたと喜んでくださる方など様々です。各講座の先生も同じです。皆さんボランティアでの参加ですが、子どもたちの役に立てることが生きがいになっている、人生の最後に人の役に立つことができて嬉しいなどと言ってくださいます。このように地域の人の関わりや、参加する子どもたちの様子や成長、地域の皆さんの評価も含めて、くしろ子ども未来塾を紹介させていただきたいと思います。

未来塾の特徴

❶決まりや規則がないのにとっても静かなのはなぜ？

未来塾には、４歳から12歳まで、年齢差がある子どもたちが変則的にやってくるため、講座によっては何度かに分けて行うことがあります。その場合、子どもたちは、自分の指導の順番が来るまで待つことになるのですが、それぞれの講座を覗いてみると、みんな静かに待っています。教育関係者が視察に来てくださった時、「どうしてこんなに静かなのだろうか？」という質問をいただきました。詳しく聞くと、ある小学校では授業中に子どもたちの集中力が切れ、うるさくて授業にならないとのことでした。

それは、自分の興味のあることや好きなことに取り組んでいけることが、子どもたちを夢中にさせているからではないかと思います。各教室のドアは開けっ放しにしているのに本当に静かなのです。先生の言うことをきちんと聞いてお行儀よく受講している姿、大きい子も小さい子も順番を待ち、きちんと並んでいる様子はとても微笑ましいです。

❷ 体育嫌いの子でも跳び箱を跳べるのはなぜ？

学校に行くようになって跳び箱や鉄棒の逆上がりができないと体育の授業が嫌いになってしまいます。そこで未来塾では、跳び箱、鉄棒も取り入れています。最初は跳べなかった子が何度も何度も挑戦して、跳べた時の感激！　親御さんは涙を流して喜んでいます。また子どもは、できたことを親に見てもらえたのが何よりも嬉しいようで、顔中くしゃくしゃにして笑っています。くしろ子ども未来塾は学校と違い、跳び箱を跳べないことを恥ずかしいと感じる場面がありません。なぜなら、最初は跳べないのが当たり前だからです。皆さんの記憶にありませんか？　クラスのみんなが見ている前で跳び箱をさせられ、跳べない自分をとても恥ずかしいと思ったこと。跳べないからといって特別に何度も練習させてくれたわけでもなく、それで評価されたことが子どもの頃の嫌な記憶として残っている私は、跳び箱を未来塾の必修としたのです。子どもに苦手なものを作らないようにしてあげたいという思いです。先生の上手な指導のお陰で確実に跳べるようになっていくのですが、諦めない気持ちが跳ぶことを可能にしています。

③日本の伝統文化が大人気、なぜ？

未来塾の文化講座は、世界に類がなく、誇れる日本の伝統文化に力を入れています。海外で活躍する人が、「自国を語れない日本の若者」「自国の文化を知らない日本人」などと揶揄《やゆ》されたという話を聞いたことがあります。幼少期から日本舞踊に深く関わり、長く伝統文化の中で生きてきた私は、言われるまでもなくその気配を感じていましたので、未来塾ではそれらの講座を充実させてみたいという願望がありました。確かに日本の伝統文化は低迷していると思います。華道、日本舞踊、お琴、茶道など単独で子どもたちを対象にした講座を開いても、子どもが集まらないという声を各講座の先生から聞いていました。ですから未来塾で講座を開きたいとお願いした時、多分子どもが集まらないと思うと不安視されたものでした。これからの子どもは海外で活躍することも多くなるでしょう。そのため海外では人気のある日本の伝統文化を少しでも体験して外国の人たちに語ってほしいのです。

設立間もない各講座では、やはり「子どもたちが来るのかしら？」「講習会をしても集まらなかったのに」と口々に不安を漏らす先生たちがいらっしゃいました。

でも不思議！　どの講座も大人気なのです。やってみて分かったことですが、親が自分の興味のないところに子どもを連れて行かないので、子どもたちの視界に入らなかっただけなのですね。子どもたちは開放されているドアから見えてくる様子に興味を引かれるのか、何の抵抗もなく教室に入ってきます。日本舞踊、お琴、茶道、華道、書道、囲碁、詩吟、毎回大盛況で、先生たちは汗だくです。思いがけない反応に嬉しい悲鳴を上げ、日本文化の裾野の拡大に貢献できることを喜んでいます。

❹どうして魅力的な先生が集まるの？

「各講座の先生をどのように集められたのですか？」という質問をよく受けます。設立当初は、私が文化団体に所属していた関係から文化講座の先生たちとは顔見知りでしたので、趣旨を説明してご協力をお願いしました。殆どの方が賛同し、ボランティアでの参加を承諾してくださいました。それ以外の方でも新聞記事などを見て、人のお役に立ちたいと思っていたので参加させていただけませんか、とのお申し込みでした。「次代を担う子どもたちのため」という使命感が、皆さんの心を動かし、貴重な労力と時間を費やしてくださる姿は美しいです。このような心を持つ人たちが指導するのですから、魅力的でないはずがありません。

今ではすっかり地域に根差した未来塾です。新たに未来塾で講座を開きたいという要望もありますが、限られた場所での開催のため、教室に空きがない状態で嬉しい悲鳴を上げています。ボランティアといえども手を抜かず、子どもと真剣に向き合い指導する先生たちですから、その熱気と魅力はご想像いただけるものと思います。

5 勉強もしっかりやるのはなぜ？

様々な講座を開設していますが、勉強は必修と考えていました。多くの人を見てきて、同じ人間でなぜこんなにも人生に差が付くのだろうと考えた時、私は、学んできた人とそうでない人との差ではないかという結論に至りました。学ぶことで考える力が養われると思うのですが、その基礎学力すら十分に身に付いていない人がいることも事実です。学ぶ心を養うのはいったいいつ頃からかと考えた時、幼児教育にたどり着きました。そのため、未来塾で学ぶことを楽しいと思えるような学習体験を取り入れることを絶対条件としたのです。しかし、勉強は私たち素人が教えるわけにはいきません。そのためプロの先生に指導してもらいたいと思っていたのですが、なかなか巡り合うことができずにいました。

２０１１年、東日本大震災があり、その年の5月、被災地にボランティアで出向くことになりました。被災地での夜のミーティングの時のことです。釧路からのメンバー同士、自己紹介を始めると、何とその中に現役の小学校の先生がいるではありませんか！

さらに、その先生は既にTOSS（Teachers' Organization of Skill Sharing、全国の優れた「教え方」をみんなのものにする）という団体で、教え方の研修をしたり社会貢献事業として教育にまつわるボランティアをしていたのです。

「私には夢があります。子どもたちが好きなことに取り組める場所を作りたいのです。お勉強は必修にしたいので、是非一緒にやっていただけませんか？」とのお願いに二つ返事で承諾してくださいました。その方が、現在、副理事長の山本真吾先生です。劇的な出会いでした。これでやっとすべてが整ったという思いでした。今でも7～8名の現役の先生が指導に来てくださり、工夫を凝らした学習法で子どもたちを導いてくださっています。

ボランティアの日は被災地での惨状を目の当たりにし、自分自身のちっぽけな力に暗く沈んだ気持ちで帰路に就きました。自然の前では人間は無力であることを思い知らされながら、それでも生きていかなくてはならない。被災地が繋げてくれた山本先生との出会いは、「この縁を無駄にせずしっかり形にせよ。未来ある子どもたちのために力を尽くしなさい」と言われているようでした。

帰りの列車の中、ふっと頭に浮かんだ「くしろ子ども未来塾」という響き。名前が決まった瞬間でした。

❻ スタッフが皆笑顔なのはなぜ？

運営には私の友人や、会社の元社員さんたちも関わってくれています。日曜の朝早くから会場入りして講座の準備、会場設営、受付の準備、コロナの感染予防対策……多くの仕事をわずかな時間の中で消化しなければなりません。ですが、なぜかスタッフの皆さんは笑顔で働いてくれています。

なぜなら1か月に1度の未来塾を楽しみにやってくる子どもたちの笑顔に会えるからです。楽しみにやってくる子どもたちが怪我をしませんように、楽しんでくれますようにという親心にも似た思いが自然に芽生えているのです。ボランティアという崇高な行動が人間を優しくするのでしょうか。子どもたちのためにというたった一つの思いが作り出す、温かい空気。未来塾は宝物がいっぱいです。

❼ お金をいただかない理由は？

講師の皆さん、スタッフの皆さん、総勢60名を超える方がボランティアで協力してくださっています。無償の奉仕！　尊い皆さんです。しかし何もお礼ができず謝礼も払えません。申し訳なく思いお詫びしたところ「お金を貰ってしまったら、何の意味もなくなる。何もいただかないから意味があるのですよ！」との言葉。

こういう人たちに囲まれて子どもたちはなんて幸せなのだろうか。少しでも何かを吸収して明るく育ってほしい。今は小さな輪だけれど、子どもを大切に思うこの心が大きな輪になり広がってほしいと願うばかりでした。

10年経過した今でも、皆さんの意気揚々とした姿は眩《まぶ》しいばかりです。

「地域で育てる子どもたち」を実践しながら、自らも輝く未来塾なのです。

くしろ子ども未来塾設立に至る経緯

私がなぜこのような塾を開設したのか？　それは、自分の育った環境や我が子を育てながら学んできたことが原点となっています。

私が生まれた昭和24年の釧路は、戦後4年が経とうとしていましたが、まだまだ貧しい街で人々が寄り添いあって生きていたような気がします。町には人情があり、貧しい中に笑いもありました。子どもたちが太陽の光をたくさん浴びながら暗くなるまで外で遊んでいた光景は今でも目に残っています。童謡ではないですが、夕焼けで皆の顔も真っ赤！　夜になると空から星がこぼれ落ちてきそうなほど美しい夜空。日中は屋根の上に上って日向ぼっこ。なんて幸せな子ども時代だったのでしょうか。でもまだまだ貧しかったのです。

私の父は京都で修業した畳職人で、結婚を機に、長女だった母の実家がある釧路に移り住み、看板を上げたのでした。神社、仏閣の畳工事を一手に引き受ける京都の畳店で修業した父は筋が通っていて厳しい人でした。

通いの職人さんの他に、自宅には住み込みの職人さんが2、3人いました。子どもは総勢8人で、私と私の兄弟5人に加え、母方の2人の従兄弟と一緒に暮らしていました。従兄弟は、父親を船の遭難で、母親を病気で早くして亡くしていたため、私の母が引き取って育てていたのです。そんな大所帯での生活で、家業を中心に目まぐるしい生活を送っていました。朝から晩まで忙しい母に、「習い事がしたい」などと言い出すことはできませんでした。

病弱の母は床に就くことも多く、小学校に行く頃には女の子は家事の手伝いをすることが我が家の決まりになっていました。夕食後も後片付けや両親の寝床の用意があったので、自分の部屋に行けるのは8時頃になるのが常でした。それから初めて自分のことができるのですから、習い事など夢のまた夢でした。ただ家の裏に貸家を持っていて、そこに越してきた日本舞踊の花柳寿登芳《はなやぎじゅとよし》師匠のお稽古を、毎日窓の外から眺めていました。すると、それに気付いた師匠が、私を中に入れて着物を着せてくれ、お稽古に参加させてくださったのです。華美なことを嫌う父はそれを知って大反対でしたが、師匠が父に許しを乞うてくださり、月謝も取らずにずっと指導してくださいました。子どもの頃の私は何も知らず、ただお稽古が楽しくて学校から帰るとすぐにお稽古場に走って行ったものです。私を可愛がっていることで師匠が他の父母から抗議を受け、私の存在が師匠を苦しい立場に追い込んでしまったことを知ったのは、それからずいぶん日が経ってからのことでした。思春期に入っていた私は、これ以上ご迷惑はかけられないと踊りから離れましたが、社会人になってからやはり踊りを続けたいと再び門下生として通い始め、名取にもなり、今では子ども未来塾でも教えています。師匠は私の芸の母であり恩人です。この師匠の愛と芸から多くを学び、無償の奉仕の尊さを学んだのです。

そうして私は子どもの親になりました。子育てをしていく過程で子どもの世界を垣間見て感じたことが、私の心に何かを呼び起こしたのでしょうか。

我が子がどのように友達と関わっているのか、上手に遊べているのかを知りたくて、よく家にお友達を呼び、遊びに来てもらいました。ある日、夕方になりお迎えに来たお母さんとお子さんの会話を聞いていた時のことです。何かを習いたいとその子が言うと、親が一言で「うちはそんな余裕がないから駄目！」と却下。言われて悲しそうな顔をしているその子の顔——何かをしたい、やってみたいという子どもの願いを親の都合で箇単につぶしてしまうのです。勿体ないとしみじみ思いました。子どもがどう成長していくのかはとても楽しみなことなのに、その芽を摘んでしまうのです。生まれた時は皆同じなのに、育っていく過程で子どもたちの世界はどんどん変わっていきます。与えられる環境でいくらでも大きく育っていけるのにと思う反面、地域経済が疲弊し、大人たちが元気を失っていく姿も目にしていると大人を責めることもできません。そこで漠然と、家庭の経済力に関係なく誰でも好きなことに取り組める場所があったらどんなに良いだろうかと考えるようになりました。勉強が好きな子は勉強を。文化的なことが好きな子は文化を。体を動かすことが好きな子はスポーツに取り組める、そんな場所があったらどんなに良いだろうかと思い巡らすようになったのです。構想から設立まで20年近くかかりましたが、どんな子も明るく元気に逞しく育ってほしいと願って構築したくしろ子ども未来塾。その原点は私の育った環境にあります。

子ども未来塾を我が街にも

くしろ子ども未来塾の存在を知り、「自分の住む街でも同じようなことをしたい」と遠くから見学に来られる方がいました。札幌、函館、浜中……不思議と女性ばかりでした。

旅費と宿泊費をかけて来られたので、私も精いっぱいの応対をし、事細かに説明させていただきました。皆さん、頬を紅潮させながら、頑張ってみますと言ってお帰りになるのですが、開設に至らず断念したとのことです。理由をお聞きすると「先生たちを集めるだけの人脈がない」「会館の使用料が高くて無理」「参加者の募集方法が分からない」といった理由を挙げていました。「そうか、形にできなかったのか」と残念に思いながら、なぜ私は可能だったのだろう？　と問いかけている私がいました。

「釧路だからできたのかしら？」

釧路で最も有名で活躍されていた花柳寿登芳師匠の傍《そば》で踊らせていただいていたから文化人の皆さんと顔見知りになっていたこと、若い時から奉仕団体に加入して活発に活動していたこと、その他にも、様々なイベントを企画して多くの経験を積んできたことや、会社経営に携わり人や様々な仕組みを知っていたこと、多少のことには怖気《おじけ》づかず、先ずはやってみようの精神で突き進んでしまうことなど、挙げるとまだまだありそうですが、そんな私の精神や経験だけが挑戦へと導いたのでしょうか。いえ、釧路だからできたのではないかと思うこの頃です。人の顔が見えることが大きな要因になっているかもしれません。それは、「どんなことをしている人か？」が見えることでもあり、その人に対する安心感が「一緒にやってもいい」に繋がるのではないでしょうか？　ビジネスで築き上げてきた信用の重さ。加えて、経験から得た知識などすべてが宝になっているのです。それは数日で築かれるものではなく、長い年月をかけて培われたものです。釧路で知り得た多くの人たち、多くの経験は、私の大切な財産となっています。

　子どもたちに多くのことを経験してほしいと願うのは、私自身が経験からいかに多くのことを学べたかを実感しているからなのです。その多くが社会で逞しく生きる力となっていることは間違いありません。

熱意は人を動かす

私は様々なイベントを企画してきました。地方都市では不可能と言われる海外オーケストラを招請《しょうせい》してのコンサートや有名アーティストと地元の音楽愛好家とのコラボレーション、その他所属団体での活動など、誰も成し得たことがなく、前例のないことに挑戦することが好きで、傍目《はため》には無謀と思われがちな行動をとってきました。応援してくれる仲間がいたことが成功の要因だったと思いますが、私の心の中には企業人としての魂が潜んでいたのか、トップが一生懸命さを忘れなければ結果はついてくるという変な自信があり、いつも心に言い聞かせていたのは、やり遂げるのだという熱い気持ちを持ち続けることでした。

くしろ子ども未来塾もそうでした。初め、私の構想はなかなか理解を得られず、説明された人も頭の上にたくさんの疑問符がついたようです。「上手くいくわけがない。年齢差のある子どもたちをどうやって指導するのだ?」「教育関係者でもないのに何を大それた」等々、厳しい言葉もいただきました。ですが、それで諦める私ではありません。

難しいことは考えず、子どもたちが楽しく過ごしながら体験できたらそれでいい。頭の中に描いていた思いが形になり、会場には満面の笑みを浮かべた子どもたちが並び、彼らを見つめる親御さんたちや教える先生たちの笑顔が溢れていました。その優しさと温かさに包まれた空間を見た新聞記者の方が、私に向かって「熱意は人を動かす！　ですね」と言ってくださったのです。

そうなのです。どんな時も自分がやろうと思ったことについては、マイナス要因は一切考えない。できると信じてやり遂げるのみ！　但し、無計画ではありません。見えないところで緻密な準備は怠らずです。

「まずはやってみましょう！」「やってみて、駄目なら修正してやり直せばいいのでは？」と、半ば説得するような形で賛同を得るのですが、それだけに私自身の責任は重くなると受け止めています。私が無謀すぎるのか否かは定かではありませんが、いつも失敗した時にその責任は私がとるという覚悟を持っていたことは確かです。周囲には、上手くいくはずがない、失敗したらどうするのだなどと不安視されることも度々でした。しかし、周囲に不可能と思われると却って力が湧き上がってきます。あまのじゃくなのでしょうか？　何としてもやり遂げたいという熱い気持ちになるのです。

失敗するはずがない、きっと成功する。そう信じて思いつく限りの手法を取り、一生懸命取り組んだ結果、多くの人に感動を与え、喜びを共有できるのです。誰よりも自分自身がやり終えた充実感と達成感で心が満たされ、そしてそれがまだ見ぬ先を見据える力となってくれます。

私の座右の銘は「熱意は人を動かす」です。

私を後押ししてくれるのは？

各講座の先生たちや講座のお手伝いに来てくださる方たち、また、友人を含むスタッフをはじめ、協賛企業の皆さまや派遣で来てくださる方々。さらに未来塾のためならと、ご協力くださる皆さま。総勢60名を超えるお一人お一人の温かい心に支えられています。

中でも今年92歳の柴田俊子さんは、早くに母を亡くした私を母親のような慈愛に満ちた心で見守ってくださり、応援し、励ましてくださいます。厳しい世間の批判を受け、落ち込んでいる時も勇気づけてくださいます。92歳と思えない知力を備え、未だにお仕事と趣味に時間を割き溌溂と生きておられます。とても洗練されており、ファッションだけではなく、生き方までがお洒落なのです。私たちの憧れの女性です。いるだけで周囲の人が得る幸福感、人に感じさせる優しさは永年の生き方で培われたものなのでしょうか。柴田さんのようになることが、私たちの目標です。

新たなことをしようとする時、誰もしたことがないことをしようとする時、決まって批判や中傷がつきまといます。覚悟を持って進んではいくものの、私も弱い人間です。地の底に落とされるほどの悲しみを感じることがあります。そんな時、「『天知る地知る我知る人知る』よ」と声をかけてくださり、失いかけた自信を取り戻させてくださるのが柴田さんです。何度助けられたことでしょうか。

また、もう一人決して忘れてはいけない人がいます。いつも傍で叱咤激励してくれる夫です。良いことも悪いこともはっきり言ってくれる夫の存在は大きいです。結婚してからずっと一緒に過ごしてきただけに私を知り尽くしています。また、私が何かをしたいと言った時、ただの一度も反対されたことはありません。心が大陸的なのか、「妻も一人の人格」と言って私の思いを大切にしてくれるのです。本当にありがたいことです。夫が少しでもブレーキをかけたら動きが止まってしまう私です。世間では、いくら止めても言うことを聞かず動いてしまうように見られていますが、実は全く違うのです。夫は悪いことでなければ黙って見ていてくれる。少し方向が違っていると感じた時には、しっかり提言する。そのスタンスを貫いているのです。次に私が何をしでかすのか、面白半分で眺めているだけなのかもしれません。趣味が仕事？　と感じさせるほど一生懸命働いてきた人で、仕事には厳しいですが、家庭人としては理想の夫であり、良き父親であると思います。一生懸命働き、家族を愛し、ユーモアがあり、そのおかげで家の中は笑いで溢れていました。時には厳しい姿も見せますが、私と2人の子どもを真っすぐに導いてくれた人です。

この他にも、まだまだたくさんの人に力をいただいて今日の私がいます。一人一人からかけられる言葉が、私を奮い立たせるのです。励ましも、優しさも、お叱りも……すべてが栄養剤となり、前を見つめる活力になりました。

未来塾の発表会での琴演奏。先生の熱心なご指導で素晴らしい舞台に！

釧路交響楽団やジュニアオーケストラを築いた先生に、チェロの手ほどきを受けています。

鉄棒の練習は子どもが飽きるまで挑戦できます。

漢字力チェックの講座ではゲーム感覚で楽しく学んでいます。

一対一のいけ花講座は講義も入って本格的。

茶道は各講座の中で一番人気！　毎回 40 人以上が受講します。

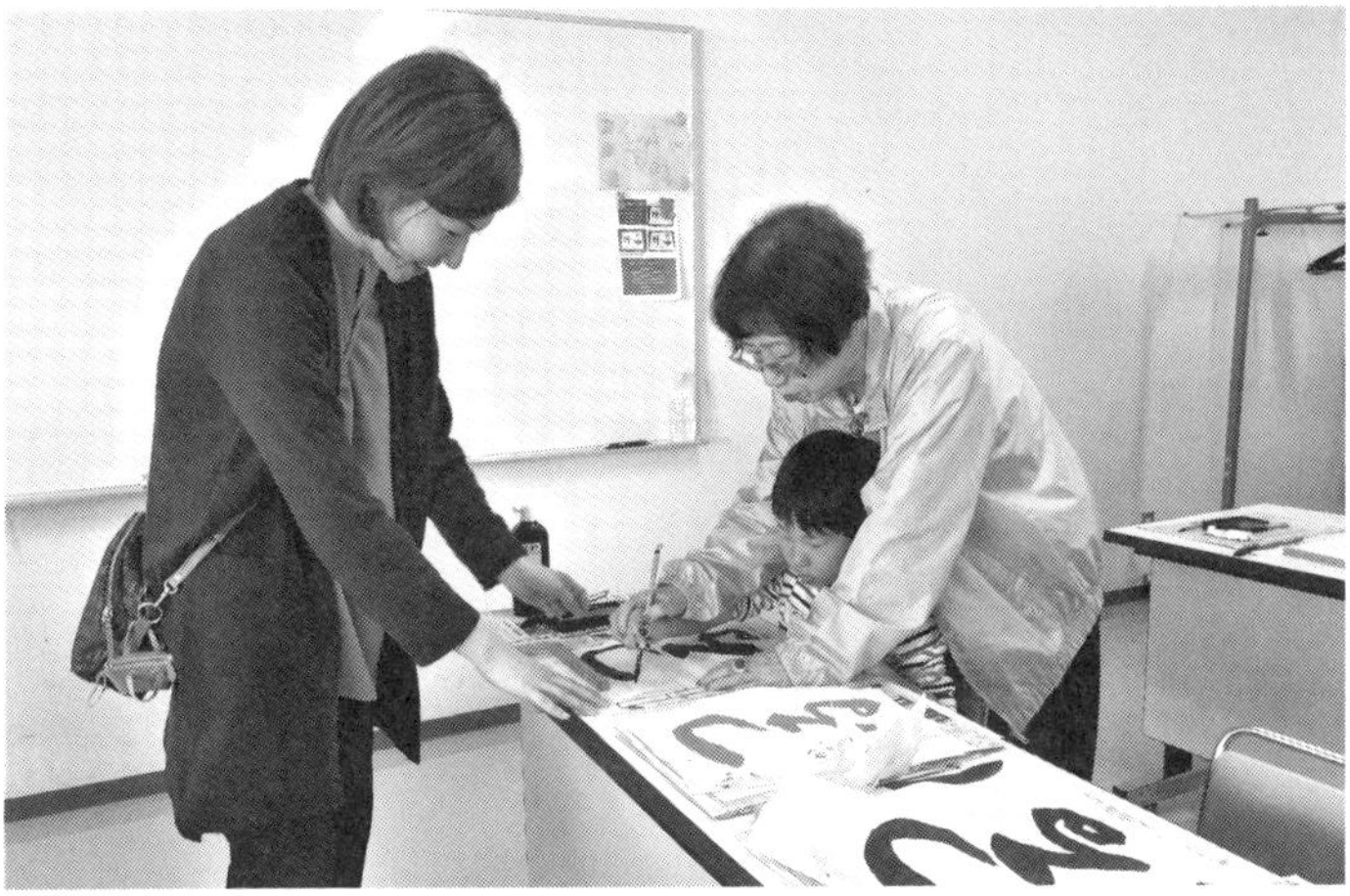

初めて筆を持つ子にも丁寧に指導くださる先生。

未来塾発表会でのフラメンコ。大きな拍手をいただきました。

第2章

私の子育て

くしろ子ども未来塾をスタートさせた時、世間の人の中には会社経営に携わっていた私の行動が理解しがたく、「商売にならないことをなぜ始めたの？」「こんなことを始めてどうするの！」と厳しい言葉を投げかけてくる人もいました。我が子が無事に成長しやっと一段落したというのに、自分でもどんな情熱にかられて行動してしまったのかしらと考えたのは、この先、数年後のことになります。当時は地方都市に住む子たちが望んでいないのに格差を受け、これが普通と思って生きていることに一人苛立《いらだ》ちを感じ、せめてこの地域に住む子たちが人間的に大きく育ってほしい、逞しく生きてほしいと思う気持ちで突き進んだような気がします。１９８２年に上の娘が生まれた時、この子が大きくなる頃には女性が社会進出する中で活躍し、社会でリーダーシップをとっている時代になるのではないだろうかと感じていました。ですから、女の子を育てるという感覚で育てず、「一人の人間をどこまで大きく育てられるのだろうか？」という意識で育てました。

私自身、成し得なかったことや諦めたことの後悔を教訓に、子どもを育てながら一緒に育ってみようという気持ちを抱き、そうして実践して上手くいったことを一人でも多くのお母さんに伝えたいという思いが生まれました。それが、「くしろ子ども未来塾」の設立に繋がったのです。

本章ではそんな私の子育てにも触れていきたいと思います。

私の子育て

私は、共働きで2人の子どもを育てました。起業して数年を経た夫の会社の経理を見ており、結婚して8年間、子どもができなかったので、現場の仕事を含め総務的な業務など営業以外のことはすべて関与していました。そして、やっと事務所を建て、会社としての土台ができた頃に子どもを授かったのでした。母は大きな病気をした後に介護が必要な状態になり、上の娘が3歳の時に他界、父は趣味が高じて東北に住まいを移し、子育てで頼れる親はいませんでした。時々私の姉が手伝いに来てくれましたが、家庭のある身、そう毎日甘えるわけにはいきません。どう両立していけばよいのか途方に暮れる日々でした。幸いだったのは、事務所の2階に自宅があったことです。通勤時間のロスがないのでぎりぎりまで家事をこなし、昼休みには夕飯の下ごしらえまで終えることができました。子どもが寝付いた後には事務所に戻り、やり残しの仕事をすることを繰り返していました。どこかの会社に勤務する共働きよりは時間の融通が利いて恵まれていたと思いますが、自分たちで起業し会社を経営することで様々なストレスが多かったことも事実です。経営者としての責任、社員を守らなければいけないこと、仕事上のトラブルへの対処など、どれをとっても自分を律していかなければなりません。子どもも仕事も何か問題が起きた時は待ったなし、時間との戦いでした。勿論、子どもは保育園に預けたわけですが、帰ってきてから眠りにつくまでは母親として精いっぱいのことをしました。いつも子どもが笑顔でいられるように、何があっても子どもとの時間を守りました。夕食、入浴と済ませた後は子どもと一緒に遊び、眠りにつくまではどんなに仕事が気になっても子ども優先の姿勢だけは貫いたと自負しています。

今では男の人が育児に参加することは当たり前になりましたが、当時は男の人が台所に入ることも家事を手伝うことも良しとされない時代でした。夫は明治生まれの父親に育てられたこともあって、「男子厨房に入らず」「女は家、男は仕事」を地でいっていたのですが、さすがにこのままではどうしようもなくなり、夫婦で話し合いをしました。そこで、この先数年間を乗り切るための我が家のルールを作り、会社の仕事と同じように家事を分担することにしたのです。

それから少しずつですが、夫が手伝ってくれるようになりました。何もしなかった夫が家事の何か一つでも協力してくれると大助かりで、仕事と家庭の二人三脚がこうして始まりました。

それでも、仕事との両立で時間に追われる日々。子どもを持つお母さんとのお付き合いもなく、子育ての悩みは育児書に頼り切り。子どもが熱でも出したら抱きながら部屋の中をおろおろと歩き回る私でした。とても不安だったことを覚えています。少しおかしいと思ったらすぐ病院へ直行していたので、最後には先生に「お母さんがお子さんを病気にしていますよ」と言われ、「えっ、なぜ？」と私はその言葉の意味がすぐには理解できませんでした。先生曰く、「お母さんの心の不安は子どもに移ります。大丈夫と思う気持ちでお母さんがどっしりと落ち着いていたら、お子さんにもその安心感が移るのです」とのこと。その言葉ではっと目が覚めました。それくらい初めての子育ては緊張して、怖くて不安でたまりませんでした。しかし、不思議。2人目ができた途端に不安な気持ちが消え、どっしりと構える自分がいたのです。親が落ち着いたせいか下の子はゆったりとした性格になりました。

ある時、上の女の子と下の男の子とでは成長度合いが全然違うことへの不安をふとこぼしました。すると、聞いてくださっていた先輩のお母さんが「そんなことを言うと下のお子さんを潰してしまいますよ！　女の子と男の子の成長は全然違うのです。比較して下のお子さんを駄目にしていることが多いのですよ。女の子はウサギさん、男の子はカメさんですよ」と。へーっ、そうなのか。この時は納得するまではいかなかったのですが、とにかく2人を比較することはやめました。しかし、後に本当にそうだったと気づかされることがよくありました。じっと見守ってあげるとちゃんと到達点に行きつくのです。

また、ある時、仕事との両立が辛くなって、ふと愚痴が出てしまいました。すると、その先輩お母さんに「人生はやり直せるけど、子育てはやり直せないのよ！」と言われ、この言葉が私の心に深く入り込んだのです。本当にありがたかったです。どうやら私は辛さばかりを考えて親としての責任を隅に追いやっていたようです。衝撃でした。この日から子育てやり直し！　子育てを楽しいと思おうと努力しました。すると本当に楽しくなったのです。子どもは親が手をかければかけた通りに育ち、その逆もしかり。こうして子どもとの信頼関係もできていきました。もしあの時あの言葉を聞いていなかったら、今とは違った我が家の姿になっていたのではないでしょうか。先輩のお母さんに今でも感謝です。

また、娘が小学校へ入学した時のことです。今では共働きで子育てをする家庭も珍しくなくなりましたが、当時はまだまだ子どもが生まれたら女性は仕事を辞めるのが当たり前の時代。学年主任の先生のお話の中で、「共働きの家庭に問題を起こすお子さんが多い」と言われ、ショックでした。と同時に、そうならないよう気を付けなければいけないと気を引き締めたのを覚えています。

幸い、本好きに育ってくれた子どもたちには、小さな時には偉人伝をよく読んであげました。生き方を学んでほしいと願ったからです。辛くても苦しくても頑張り続けるその姿から教えを貰い、歩んでほしい。この頃はまだまだ男性社会でしたが、この子たちが大人になる頃はきっと女性が社会でリーダーシップをとって活躍しているはずと思い、男女の差を付けず育てました。そのせいか娘は逞しく育ちすぎて、「砂漠に置き去りにされても生き抜く子」と言われました。

私は会社経営に携わり、実に多くの人を見てきました。これからの時代を生き抜くには何が必要か？　人は生まれた時は同じなのに、なぜこのように人生に差がつくのか？と考えさせられることが多くありました。私の目の前を通り過ぎていった人たちから見えたのは、先ず学力の差、次に経験の差。学力の高い子は考える力があるので、効率よく無駄なく物事を処理し、正確でミスが少なく、成果が上がりやすくなります。将来の職業選びの選択肢も広がります。

次に経験の差があると思います。どんな小さなことでも率先して手伝わせてもらうことで身についていきます。経験には何一つ無駄がないといわれる通り、身についたことはいつか役に立つ時が来るのです。人の嫌がること、面倒なことは誰しも避けたいことですが、率先してやること。私のような年齢になると、それがすべて自分の財産になっていることに気が付きます。何でもできるスーパーマン？　の気分です。

というわけで、私は自分の子どもたちに先ず勉強、次にスポーツや習い事を勧めました。特に勉強は重要と思いましたが、子どもが楽しく、遊び感覚で取り組めるよう心掛け、嫌なことをやらされているという感情を持たないように気を付けました。また、小学校入学前から机に向かう習慣を付けました。お絵描きや塗り絵が主でしたが、私が必ず隣に座り、一緒に楽しく過ごしました。入学後は、1日最低30分から1時間。夕食の後片付けを早々に済ませ、一緒に座って遊び感覚で勉強。できた時は大げさに褒めてあげ、やる気を損なわないようにしました。私も一緒に語学の勉強をしたり、家計簿をつけたりして机から離れず、一緒に勉強しているよという姿を見せました。私が間違った時には大袈裟に悔しがり、子どもたちを喜ばせるなどしたものです。昼間は離れているので、夜に母親と一緒に勉強することすら楽しかったようです。このおかげで、大きくなった今でも、2人は毎日勉強から離れません。それぞれ受験を迎えるようになっても

「勉強しなさい」とか「勉強したら？」と言ったことはなく、逆に、１日勉強をしないととても不安な様子でした。そうして娘は夢をかなえるべく国公立の医学部へ進学、弟も後を追うように国公立の医学部へ進学しました。卒業して医師になっても未だに勉強を続け、２０１４年に娘はハーバード公衆衛生大学院へ進学、息子も２０２２年６月に同じハーバード公衆衛生大学院に合格し、その夏に渡米したのでした。

　敢えて子どもの進路について書かせていただいたのは、我が子を自慢するためではなく、前述の都市と地方の教育格差などから、ともすれば流されてしまいそうな地方都市の環境でも、子どもがなりたい自分になり、夢をかなえることは可能だということを伝えたかったからです。置かれている環境に負けないで、情報網を広げながら小さな頃は親が導き、大きくなったら本人が自分で切り開いていく逞しさを培ってほしいと願うからです。地方都市の子どもは、教育環境にややハンデがあるのではないかと私は思っています。それを乗り越えて大きな都市に住む子どもたちと肩を並べるのはどれほどの努力を要することでしょうか？　でも夢さえ諦めなければ、いつか必ずかなう時が来ると信じて宝物のように育ててほしいです。一方で、地方都市の子どものほうが、ハングリー精神はあるように思います。都心の裕福な家庭に生まれて小さな頃から不自由のない暮らしを送り、私立の良い学校に行くことは、それはそれで安泰した人生になるかもしれません。しかし、見つけた夢を追って道を切り開く逞しさというのは、何かに欠乏した状況からじゃないと生まれないような気もしています。その意味では、地方の子や必ずしも裕福ではない家庭の子どもにも可能性はあるのでは？　と思うのです。

我が家のダイニングテーブル

我が家のダイニングテーブルは少々大きめですが、実はこのテーブルが2人の子どもの成長を見守ってきた我が家の宝物なのです。子ども部屋があり、それぞれ勉強机もあるのですが、小さな時から何をするにもこのテーブルを囲み、この部屋で過ごすことが多かったのです。楽しく食事するのは勿論、塗り絵、お絵描き、カード遊び、勉強など大活躍のテーブルです。子どもの成長と共に過ごし方は変わっていきましたが、それでも高校受験の時までこのテーブルで勉強していた姿が今でも目に残っています。

就学前から机に向かう習慣がついていたので、その点で苦労することはありませんでした。夕食と後片付けが済んだらすぐに子どもたちとこのテーブルに座り、まずは勉強です。ゲーム感覚での勉強ですから子どもが楽しみにしている時間でもあります。30分の予定があっという間に1時間を過ぎてしまうことも度々です。この頃は市販のワークブックを使い、主に予習をしていました。正解した時には大げさに褒め、大きな花丸を書いてあげます。間違っていた時には分かりやすく説明し、同じような問題を作って理解できるまで根気よく教える。分からないことをそのままにしない、積み残しをしないということを私自身に課し、子どもの相手をしました。勉強を済ませると遊びの時間です。子どもがしたいことにとことん付き合う番です。小さい時から保育園に行き、あまり一緒に過ごせなかったため、夜は親子で遊んで楽しく過ごすと決めて、この時間を大切にしました。それから入浴、就寝ですが、一日を楽しい気持ちで終われることを心がけていました。

　保育園に預けることを申し訳なく思い気にする私に「親と長い時間一緒にいるから良いということではない。短い時間でもどう過ごしているかのほうが大切なのよ」と言ってくださった方がいました。親子で触れ合えるのは夜しかない。じゃあ、夜は子どもにとって思い切り楽しい時間にしよう。親子の時間を大切にしよう。子どもが起きている間は仕事や自分のことを忘れて子どもを優先すると決めてから、心が軽くなったことを覚えています。

寝るときには毎晩、絵本の読み聞かせです。上の子の時にはしっかり読んであげられたのに、下の子の時には読んでいるうちに私のほうが居眠りしてしまい、絵本を顔の上に落としたり、本を読む声が止まってしまって子どもに泣かれたりということもありました。このようにちょっと頼りない面白いお母さんという私の姿も、子どもをしっかりさせるのに役立ったようです。そしてそんな家族のやり取りをずっと見守ってきたダイニングテーブルは今でも、老夫婦の作業机、勉強机として存在感を放っています。

小さい時から将来何になりたいの？　と語り合う

主人は脱サラで事業を立ち上げましたが、文字通りゼロ出発！　創業して2年目に友人を通じて私と知り合い、1年後に結婚。会社のことは遠慮して深く聞くことはできませんでしたが、後で知った現実は、まだまだ創業の苦しみから脱したとは言い難いものでした。

結婚して2年が経過した頃、経理として手伝うことになり入社した私ですが、現場と事務所の掛け持ちで来る日も来る日も働き詰めという日々。「人の3倍働いてやっと人並み」という主人の言葉に引っ張られ、生きていたような気がします。商売人は時にサラリーマン以下の生活を余儀なくされ、諦めたら転落するしかありません。成功するまでは安定とは程遠いため、先ずは可能な小さな目標を立て、一つ一つ達成させ次の目標を立てるという小刻みの道のりでした。人様がよく言う辛く厳しい日々が5年くらいあったでしょうか。ようやく会社の土台ができ始めた頃、子どもを授かったのです。仕事と子育てを両立しながらも、ビルメンテナンスという業種柄、気苦労が多かったことも否めません。

また、子どもが望まないのに親が商売をしているからと跡継ぎにし、上手くいかず、人生を棒に振ってしまった人などを見て、「子どもに無理強いはしたくない。一度しかない人生、望む生き方をしてほしい」と思うようになりました。いろいろな職業のことを話して聞かせ、親としては社会人になった時に、辛いことや嫌なことがあっても乗り越えて逞しく生きてほしいと願っていました。我が社は人を多く使う仕事のため、毎日どこかの現場で問題や仲間同士のトラブルが起き、逞しい精神力を持つ私たちでも流石《さすが》に耐え抜くのが大変でした。現代に育った苦労知らずの我が子には務まらないのでは？と会社の跡を継ぐことは全く望まず、他の職業の良い面を話して聞かせたのです。中でも資格を取り、その資格で日本全国どこに行っても生きていける仕事をし、そして、社会人として地に足をつけて生きてほしいと願うばかりでした。夫や私のように、一生懸命頑張っても人を多く雇う仕事はトラブルと背中合わせで、時としてお客様との契約破棄にまで繋がることもあります。社員が起こしたミスでも責任は経営者にあります。何度頭を下げたことでしょう。業種柄、仕方がありませんが当時は辛く感じることもありました。どんな職業に就いたとしても社会で生き抜くのは大変なことです。子どもには自分の好きな道を歩んでほしいと心から思っていました。自分で選んで自分で決めた道ならば、躓《つまず》いたとしても誰も恨むことなく耐え抜いていける。親はその夢を側面から応援するだけです。また、辛く苦しいことに直面した時耐えられる強い心の持ち主になってほしいと、様々な人の生き様を話して聞かせたり、諦めないで最後までやり抜く気持ちを培ってほしいと、偉人伝などを傍らに置いてあげたりしたものですが、２人の子どもに等しく影響を与えたかというと、それぞれの感受性の相違から同じではありませんでした。しかし、下の子は上の子の影響を強く受け、言葉に出さずともいつしか同じ方向を見るようになった気がします。本人は否定するかもしれませんが、姉という身近な存在が良きお手本になっていたのではないでしょうか。前にも述べましたが、２人を決して比較せず、本人たちの感じるままにお互いを認め合っていける関係を築けたことが良かったのだと思います。

　上の子は、小学校６年生の頃には「医者になりたい」とはっきり言っていましたが、同級生にも同じ夢を語っていた数人がいました。結果、その全員が医師になる夢を達成したのです。凄いと思いました。夢のある子は強いです。本人が描いた夢なら、頑張れるのですね。

　息子も自ら医師を目指すようになり、厳しい状況でしたが最後の頑張りには目を見張るものがあり、底力を見せられた思いでした。何度か大丈夫だろうかという不安に駆られましたが、自分が決めたことなら今まで見せたことのない力を発揮するのだと思いました。子どもがこうしたいと言った時、悪いことでない限り信じてじっと見守ることを教えられ、無限の可能性を示されたのでした。

夢を持たずにいると……

「将来何になりたいの？」「分からない……」と答えていた子がいました。皆が行くから自分も進学する。夢がないからただ自分の偏差値で受験できる大学に行き、特に好きでもない学部に行き、やがて卒業。とりあえずどこかに就職するが、自分の好きなことではないと退職し、次に就職してもすぐに退社を繰り返す——尋ねれば、自分に合っていないとのこと。その若者に「好きなことは何？」と聞いても「分からない」と答えます。これは実際にあった会話です。

また、ある時、お母さんに「小さな頃から将来何になりたいか、夢でもいいからお子さんと話す機会があったらいいですね」と言ったら、「何も分からない小さなうちから決めても仕方がない。大きくなったら自分で決めると思うので」とのこと。結果、何の目標も持たず学生時代を過ごし、自分の進路を決めることすらできない、何をやっても上手くいかず、結局は無気力な人生を歩んでしまうとしたら、残念でなりません。

育つ環境で子どもの歩む道も、変わってきます。小さなうちは親の導きが必要と私は思います。ある程度レールを敷くことも必要で、何も分からない子どもは素直に乗ってきます。そのレールを敷くために親は広く社会を見つめ、様々な情報を入手することが求められます。目まぐるしく変化する社会、勿論子どもを取り巻く環境も絶えず変化しています。それに敏感になり柔軟に考え方を改めていくことが求められると思います。将来これで良かったと思えるかではなく、子どもの将来を真剣に考えた事実が大事ではないでしょうか。

私は、子育ての過程で成長するのは子どもだけではなく、親も一緒に成長していくのだとしみじみ思ったものです。子どもを育てながら、様々なことを学んだからです。そして日々変化を見せながら成長する我が子を見て、子育てってなんて面白いのだろうと感じたのでした。

親がほんの少し意識を変えるだけで、子どもを右にも左にも導くことができます。小さい子にとって親は絶対で、大好きな存在。自分を大切に慈しんでくれるという信頼関係を築くことができたら、親の話にも素直に頷いてくれます。その時こそレールを敷ける時、子どもの将来を見据えた夢を語り合う時です。あくまでも夢ですからどんなに大きな夢でもいいのです。

我が家もスケールの大きな話で、親子で夢を見たものです。ただこれだけは言えます。夢を見る子は心が強い、と。

子ども自らが、夢をかなえようと頑張るのです。結果夢がかなわなくてもその過程で知り得たこと、頑張って身についたことはすべてが力になるのです。次の段階で必ず役立つことは間違いありません。親子で同じ夢を見て、親はいつでも君を応援しているよという姿を見せてあげることが大きな力になります。

仕事と家庭の両立をどのようにできたのか？

前項で少し触れましたが、共働きの家に問題児が多いと話した先生の言葉は衝撃でした。母親が家庭にいてしっかり子育てできている家庭と比べたら、母親が家にいる時間は確かに少ないので、育児に関わる時間が少ないことで十分に育てられない、ということなのでしょうか？

目が行き届かないから？　親が忙しく手をかけられないから？　愛情不足？　と思いめぐらし、不安になったことを覚えています。当時は保育園に預けながらの育児に、「可哀想」とか、愛情不足からくる問題例を言ってくださる方もいて、ただでさえ不安になっている時でした。周囲の経験豊かなお母さんや、保育園の先生に話を聞きに行きました。その中で、私に響いた言葉が先ほど述べた、「長い時間一緒にいるから子どもが真っすぐに育つわけではないのよ。短い時間しか一緒にいれなくても、大事なのはどう過ごすかなのよ」でした。たとえ短い時間でも子どもにとって心身共に満たされる時間にするとよいのだ、と気付かされました。そして、夕食後から子どもが寝る9時か10時までの間は完全に母親になる、と決めたのでした。

日曜日や祝日には必ず郊外に連れ出しました。平日、保育園で過ごしているので仕事の休みの日は家族で過ごすという取り決めを優先しました。子育ての期間、主人にも多くの我慢を強いたように思います。その甲斐あって、共働きの家庭の問題というレッテルを剥《は》がし、子どもたちは明るく真っすぐに育ってくれました。問題を起こして学校に呼ばれることもなく、いじめに遭うこともいじめることもなく、学校大好き、友達大好きと通学する姿に安堵したのでした。仕事をする私、子どもといる私、プライベートな時間を過ごす私、というように常に切り替えのスイッチを入れていたように思います。その時、その時で全く違う自分を楽しんでいました。仕事は厳しいもの、家庭は温かいものとして、また、プライベートな時間というのは当時は殆ど踊りのお稽古でしたが、凛としたお稽古場で無心になれました。師匠の厳しさに身も心も引き締まる、その瞬間がたまらなく好きで通っていたのでした。仕事では厳しい私でも、子どもには無防備に優しくなれる。この切り替えはきちんとできていたと思います。それぞれの場面で会う人たちは誰も私の別な顔を想像することはできなかったようです。仕事が忙しくても、何があっても子ども第一優先は日々の過ごし方で伝わったのかもしれません。子どもとの信頼関係が構築され、素直に育ってくれました。小さい頃は、育児が大変と思うこともありましたが、「子育てはやり直しが利かないのよ」という言葉を聞いて心を入れ替え、しっかり子どもと向き合うようになってからは子どもの成長が目に見えるようになり、「子育てって楽しい」に変わっていったのです。

三つ子の魂百まで

人を多く使う会社経営だったために、実に多くの人を見てきました。社会人になった皆を見て、人はどこでどうしてこんなに違った人生を歩むのだろうかと、考えさせられます。よく気が付き先回りして仕事をする人、言われたことだけする人、人の嫌がる仕事を率先してする人、几帳面で融通が利かないけど真面目な人、指示を一度で理解する人、何度も同じことを言わせる人、まだまだいろいろな人がいます。44年間経営に携わり、いつからか人間観察をするようになっていました。生まれた時から個性が出来上がっていたわけではないはずですから、こんなに違う性格の人が作られていくのは、いつ頃からなのか真剣に考える時がありました。

我が子を育てた時のことを思い出すと、小学校へ入学し、参観日などに行くと既に子どもの性格は別々でした。生まれた時は殆ど同じなのに、わずか6年ほどで人格が形成されているのです。入学時にはその状況ですから、やはり昔の人の言う通り、三つ子の魂百までなのでしょうか？　娘が入学の時に感じたのですから、今から32年前になります。すらすら字も読めて計算もできる子がいると思うと、入学してから覚えるものとゆったり構えていたお母さんもおり、子どもたちの間に既に差がついているのです。性格面も静かな子、大人しい子、賑やかな子、乱暴な子、優しい子など様々でした。この世に生を受け、わずか数年で個性ができています。各家庭の育て方や、環境でこれだけ違っていくのだとある種の怖さを感じたものでした。そんなことから幼児教育の大切さを感じていったわけです。

世の中が大きく変わり、男女平等が叫ばれ、女性の地位向上を目指す動きもこの頃からだったと思います。女性も社会に進出し、働き始めてきました。私はとても古い人間で、当時、女性が働くことで家庭がおろそかになってはいけない、働くにはそれ相当の覚悟を持って出なければと思っていました。まして、子どもがいたら子育ての手抜きなどとんでもない！　くらいに感じていました。現在なら笑われるどころか女性蔑視で批判されますね。仕事を持って子育てをするのは本当に大変です。しかし、子どもを育てる義務もあると思うのです。仕事を持っていることで子どもから目が離れ、我が子の学校での様子や友達との関わりを知るすべもなく、子どもの言うことを鵜呑みにしてしまうこともあります。万が一我が子が間違っていたとしても、正してあげられる機会もなく、そのまま大きくなっていくのです。

　人間形成に家庭環境がいかに大きなウェイトを占めているかがよく言われていますが、母親教室やＰＴＡの委員会を開催しても、参加するお母さんは十分理解し、しっかり子育てしている方が大半です。しかし、聞いてほしい人、参加してほしい人の姿は見えません。保護者の集まる場所ほど情報交換に適した場はありません。子どもたちを取り巻く今の状況を知る良い機会なのです。良い話も悪い話も、我が子を導くヒントになります。いずれは社会人になり、逞しく生きてほしいと願うのはどの親御さんも同じことではないでしょうか。楽しいことよりも辛く、苦しいことの方が多い社会で潰れることなく生き抜いていく力は、小さい時から作られていくのです。

勉強以外のことにも興味を持って

我が家の教育方針は、などと言える立派なものはありませんでした。が、勉強ができればそれでよいという考えはありませんでした。学ぶ力を育てるために勉強することは必須ですが、それ以外に心を豊かにする文化や体を鍛えるスポーツにも触れる機会を作りました。2人の子どもは共に水泳教室に通い、冬はスキーの講習会に通いました。スキーは家族でも楽しむことができ、良い思い出になっています。全く滑れなかった私は恐怖心で歩くこともままならなかったのですが、講習会で先に滑れるようになった息子が（当時小学校1年生）私の傍に来て、「お母さん一緒に滑ろう」と言って言葉で説明し、優しく教えてくれながら歩く練習をしてくれたのです。少し行って疲れた私がもうできないと言うと呆れたような顔をして「お母さん根性なしだね」の一言。参りました。小さな子どもに言われてしまった……ここでやめるわけにはいきません。活を入れて挑戦したのは言うまでもありません。

息子は3年生になり希望していた野球同好会に入り、それは楽しそうに練習していました。文化的なことについては、既に姉が習っていたピアノを同様に始め、スポーツと両立させて大学受験まで続けていたことは自慢できるのではないでしょうか？ ピアノの先生が、「運動部に入ると殆どの子がピアノを辞めるのによく続けたね」とおっしゃってくださいました。

また、こんなこともありました。小学校6年生の時、息子はピアノのコンクールで予選通過し、全国大会への出場権を得たのですが、野球も市内で優勝し、千葉県の八千代市との交流試合が実現し日程が重なってしまいました。私は心の中でピアノの全国大会を選んでほしいと思っていたのですが、本人の希望は野球でした。大好きな野球と友達と過ごせる楽しさが勝ったのですね。交流試合に参加した息子は、それはそれは嬉しそうでした。

5歳年上の姉は、股関節の病気であまり運動はできなかったのですが、水泳は関節に良いと言われ教室に通っていました。どちらかというと文化系で、幼稚園の頃からピアノを習い、絵の教室にも通いました。ピアノ教室は、当時の釧路では大勢の生徒さんが通う大変指導熱心なところでした。特に同世代に上手なお子さんが何人もいて、コンクールに出ては1位や金賞を取るなど、実力を備えた生徒さんを抱えていました。そんな中、娘は刺激を受け自分もコンクールに出たいと出場するのですが、入賞がやっと。来る日も来る日も練習に時間を費やしていました。不器用で時間のかかる子でしたので、練習は人の倍していたように思います。

娘の努力がやっと報われたのが小学校の高学年の頃でした。6年生の夏にはコンクールで優勝し、全国大会へ出場を果たしたのです。諦めずに指導してくださったピアノの先生を東京の全国大会へお連れすることができました。それ以来、ピアノは娘の友達となり、どんなに忙しくても弾き続けていました。ウィーンで行われたチャリティコンサートにも2回出演させていただきました。大人になってもコンクールに出て、挑戦することを自分に課しています。２０２1年に2人目を出産してからは物理的に難しくなりピアノを弾くことを休んでいますが、娘のピアノのファン1号の私はその復帰を首を長くして待っています。

こうして2人とも途中で投げ出すことなくやり続けてくれたことは、見えない力になったものと思います。他にも、私の日本舞踊の世界でそれぞれに大きな踊りを踊っています。本衣装を着け、娘は連獅子《れんじし》の子獅子《こじし》役、息子は三社祭りの悪玉役、見事に舞台を務めてくれました。息子は高校受験を半年後に控えての出演でした。こうしていろいろなことをこなしながら挑戦し体験することは、大きな力になっているに違いありません。

毎日整理整頓！

「毎日何役もこなし、家事もほぼ当たり前にこなす秘訣は？」と聞かれたことがあります。はて？　秘訣は……と考えてみましたが、さほど意識したことがなく思い当たりませんでした。ただ、日々自分に言い聞かせていたことがあるとすれば、使ったものはすぐ元の場所へ戻すことでしょうか。家にいる時は少しでも子どもと遊びたいので、掃除に時間は取りたくありません。常に整理整頓し、その辺に物を置かない、系統立てて整理し、そこから物を出して使った後はすぐに元に戻す、を徹底していました。ですから物が散乱していることはなく、納戸、引き出し、棚の中などにきっちり収納し、子どもが小さい時は遊び道具が出ていても終わったらすぐにお片付けしていました。忙しい時間の中で何役もこなすには物を探している暇はありません。何がどこにあるか、目をつぶってても探せる状態にしていました。そうすることで掃除も楽になりますし、子どもとの時間も取れるのです。

家のことは私にまかせっきりの主人ですが、私が不在にしていても必要な物がある時には、電話口でタンスの引き出しの何段目の左側のどこどこに、と言うだけで探せるのです。

会社も同じです。自分がいなくても困らないようにすることを心がけていました。いつ何時、私達や社員の身に何が起きるか分かりません。その人がいなければ分からないということは会社として未熟です。お客様というのは用事があって電話をかけてくるのです。瞬時に用事に対する答えが欲しいのです。ですから、たとえ担当者が留守でも、代わりの者が対応できるよう日々仕事をオープンにし、共有する訓練をしていました。地方都市の中小企業です。電話１本で仕事の発注もあります。そのチャンスを逃さないためにも電話応対は大切で、知識も必要です。小さな会社の事務員さんほどありとあらゆることに精通し、他の社員の皆さんの縁の下の力持ち的な存在はいないでしょう。今は働き方改革などで随分見直されたようですが、人間の能力を高めるという意味では、最高の環境でした。

　整理整頓から少しずれてしまいましたが、会社でもその日発生したことは、その日のうちにすべて終わらせることをモットーにしていました。その日のうちに書類関係も整理し、誰でも閲覧できるようにしていたことで１人の人間にしか分からない状態を防いでいました。記帳も常に２人体制を取っていたので、突然の事態でも困らない仕組み作りはできていたように思います。

　整理されていることは家庭も会社もすべてにおいて効率が良く、極端に言うと１人で２人分の仕事ができるほどではないかと思います。無駄な時間のない過ごし方が身につけば、どこで何をしていても効率的なのです。子育ても仕事も上手にこなし、さらには趣味の時間まで取れたのは日々の整理整頓のお陰かもしれません。

学力向上は家庭で

最近、小中学生の学力テストの結果で、釧路市が全国平均や全道平均と比較して低いとか、わずかに平均を超えたとか新聞紙上で見かけますが、小学校の勉強で平均を下回るということが私には理解できないのです。家庭学習が不足しているのでしょうか。

我が家の子どもは２人とも小学生のうちは塾には行きませんでした。６年生の夏休みに夏季講座を受けたことがあったくらいです。学校の教科書を見ながらそれに合った市販のテキストを用意し、教科書に書かれていることが理解できているかどうかを見極め、理解できていなければ分かりやすく説明し、次にテストをしてみます。同じような問題を何問かして答えが合っていたら、次に進むというのを繰り返し、親が家庭でフォローすることを心がけました。

私が子どもの勉強に付き合っていて感じたのは、「学校の授業だけでは無理」ということです。すべての教科で一つ一つの単元の説明がありますが、既に理解している子、全く分からない子、それぞれです。個別指導ではないので、その瞬間に理解できなければば分からないままで終わってしまうのです。集中してしっかり聞くことができる子、そうでない子。理解できたかどうかは後に行われるテストで確認しているのだと思いますが、このテストの前に家庭で理解できているかどうかを見てあげることができたら、学力は簡単に上がると思っています。分かってくると勉強が楽しくなる。楽しいから勉強をする。これを上手に牽引《けんいん》するのがお父さんやお母さんなのです。家庭で予習をして、さらに家に帰って「復習」しなければ理解にたどり着けないと思っています。

ある時、保護者の懇親会で「この学校に入れたから勉強は心配していません。先生がきっちり教えてくださると思う」と言うお母さんがいました。正直驚きました。昔よりも進度が早く、難しくなったことに加え、1つの単元にそんなに時間をかけられなくなり、さらに1人の生徒に時間を割いていられない学校の現状を知らないのでしょうか。まして、皆が小さいうちから塾通いもするようになっているのにどうするのかしら、と他人事ながら心配しました。何も良い学校に進学することがすべてではありませんので、のびのび育てることに異論があるわけではないのですが、一応、進学を見据えたならこの小学校と言われているところでしたので、一瞬びっくりしたのです。

余談でしたが、言いたいことは、家庭学習なくして確かな学力は望めないのではということです。勿論、指導の上手な先生もいらっしゃると思いますが、全国均一ではありません。子どもがその日学んだことが理解できているかどうかを確認してあげることは家庭でもできます。少しでも分からないままにしておくと、その先に入っていけないのです。分かると楽しい！　私はそう信じて、分からないことを分からないままにせず、毎日、復習の段階で積み残しを出さないという思いで一緒に勉強しました。理解できるまで根気よく、です。予習はさらっと、復習はしっかり行っていました。予習は、子どもが理解できたらどんどん先に進め、1学年上のテキストにも挑戦していました。学校での授業が楽になるからです。しかし、授業が簡単だからといって決して授業をおろそかにしない、先生に対しては尊敬の念を抱き、きちんとした態度で授業を受けることを約束しました。どんな場合でも先生は友達ではなく、勉強を教えてくれる偉い人ということを教え込み、授業態度が悪くならないよう気を配りました。

こんな小学校時代でしたが、家庭でしっかりフォローすることで学力は簡単に向上することをお伝えしたいと思いました。

2人の子どもたちは全く違う性格？

我が家は、上が女の子で下が男の子です。同じ親、同じ環境で生まれても、こんなに性格が違うのかと不思議に思ったことがあります。

まず娘に関して言うと、結婚8年目にして授かった子でした。それ以前も私は、大変好奇心が強く何でも挑戦してみたくなるのですが、仕事もあり、その欲望を抑えて過ごしていました。しかし、ある時から通信教育の案内を見てはこれをしてみたい、あれもしてみたいと、信じられないほど興味が湧いてきたのです。そして受講の申し込み。書道に、絵画に、フランス語を学ぶことにしました。その時、習いたいと思う気持ちが自分でも異常なほどだったので、いったいどうしたのかと思っていると、妊娠していることが分かりました。お腹の子のなせる業？　だったのですね。最初は信じがたかったですが、2人目の子どもを身ごもった時も同じようにいつもとは違う状態になったので、このことを確信したのです。というのも、仕事をバリバリしていた私は、失敗してはいけないという気持ちで張り詰めていたせいか、自分にも他人にも厳しかったと思います。

ところが、2人目の子どもを身ごもった時は、不思議と心が穏やかで誰かが失敗しても何も気にならず、イライラもしない。周囲の人にも、とても穏やかな顔をしていると言われたりしました。仕事をしているのにこんな穏やかな私は自分ではないと不思議に思うほどでした。案の定生まれてきた息子は穏やかで人を和《なご》ます子でした。2人の子どもはお腹にいる時からこれほどの違いがあり、私を別人へと導いたのでした。

そして長女の娘はと言えば、好奇心旺盛で外に出かけてもただでは帰って来ません。大きくなっても変わらず、何でも挑戦しています。情報の収集力も凄い！　2人の子どもを育てている今でも、いつどんな時に調べているのかと思うほどスキがありません。こう書くとバリバリしていて怖い感じがするかと思いますが、見た目はおっとり、どこにあのパワフルな一面が？　とよく言われます。親から見て、小さい時から変わらぬ姿は努力家だということです。ピアノなど人の2倍練習してやっとお友達のレベルに近づけるので、私だけでなく本人も不器用だと感じていたと思います。暗譜にしても仕上がりにしても本当に時間がかかりました。勉強もこつこつやっていましたが、決して天才肌ではありません。絵画の先生には「不器用さがいい味を出していますよ」と、褒められているのかそうでないのか分からない言葉もいただきました。ただ、こうしたいと始めたことは全部現在に繋がっており、本人の自慢は自分の意志で取り組んだことは何一つ無駄にしていないことだそうです。

前述したとおり２人目の子どもを身ごもった時は、とにかく穏やかでした。仕事もあり上の子もいるので、本来なら忙しく、キリキリしても良いはずなのですが、なぜかとにかく穏やか。信じられないくらい、いろいろなことが気にならず、怒りたくもならないのが自分でも不思議でした。やっぱりこれもお腹の子のなせる業？　と思い始めました。妊娠中、心安らかに過ごせたことは言うまでもありません。少し早めに生まれ、保育器に入れられ退院が遅れた時は悲しかったですが、私の母に似たような顔に、母の生まれ変わりかと嬉しさを感じたのでした。

生まれてからも、お腹の中にいた時のようにやっぱり手のかからない、静かな子でした。でも時々面白いことをするのです。一日一度、何もお願いしていないのに面白いことをして笑わせてくれました。不思議な子でした。家庭の中に笑いがあると本当に平和です。２人目の子どもを身ごもる２年前に８か月で死産していた私は情緒不安定な時期があって沈んでいることもあり、上の子が可哀想と何とか歯を食いしばって頑張っていた頃でもありました。それがこの子が生まれてから、よく笑うようになったのです。笑っているうちに知らず知らず心が元気になっていきました。本当に救われました。静かだけど楽しい子がすくすくと育ち、小学校へ入学しました。

遠足の日のことです。担任の先生とお話しする機会があり、上の娘との違いに心配していた私は、「この子はあまり好奇心がなく物事に興味を持たないのです」と言ってしまいました。すると先生は、「お母さん大丈夫です。落ち着いてどしっと、構えているのですよ。心は強い子です」とおっしゃってくださったのです。少し太っていてそう見えるだけなのかしら？ などと思いましたが、学年が上がっていく度に外には見せない強さを感じるようになり、先生の洞察力に驚嘆いたしました。娘は「何をしたい」「どうなりたい」と明確に表していた一方で、息子は口には出さずとも、どうするのかと聞くとちゃんと自分なりに考えている子でした。

そして、娘と違って息子は器用！ ピアノの練習をしている姉の傍で寝ることもあり、音楽を子守歌にしていたせいか上達が早く、娘の半分くらいの時間で全国切符を手にしたほどでした。今は、医師としての生活に追われピアノに向かう時間は全くありませんが、恵まれた才能を眠らせることなく、いつかピアノに向かう日がまた来て、心が癒されるものになってくれたら良いと思います。

このように下の子は、ある種、感が良くて天才的と思っていましたが、今は努力家になりました。小さい時から、夜は早々と寝ていた子です。高校、大学と何とか持ちこたえていたようですが、社会人になってからは自分が朝型人間と気付き、早朝5時には起きて早い朝食を済ませ、早々に病院に行き、先に勉強や書類関係を済ませてから通常の仕事に取り掛かるようになったとのことです。その習慣は今でも続け、効率が良いと感じているようです。

同じ親、同じ環境でも2人は全く違うように育ちました。面白いです。2人から、私と主人はたくさん楽しみを貰っています。ありがたいことです。

娘は上昇志向が止まらない質で、次から次と話題を提供してくれます。2人の子どもを抱えながら本当に大変と思うのですが、「親が傍にいなくても子どもを育てている人は私だけじゃないから頑張れる」と気持ちの切り替えも早く、滅多なことでは私に助けを求めません。可哀想に思い、私が勝手に手伝いに出向くのですが、未だ社会と関わっているため、たまにしか行けません。

息子も今や2児の父親です。誰にでも優しくユーモアもあって楽しい子です。かつての恩師が、「この子は世の中、皆良い人と思っているようで、そうじゃない人と出くわした時が心配！」とおっしゃっていましたが、今のところ人間関係で傷つくことはなかったようです。それほど、疑うことを知らず、真っすぐなのです。世の中にはいろいろな人がいるということは話して聞かせたつもりなので大丈夫とは思っていましたが、つい最近、ひどく逞しくなった息子がいて、一瞬驚きました。知らず知らずのうちに成長しているのですね。まだまだ発展途上と思っていたのですが、もはや親の干渉は不要です。

2人の子どもの個性を書かせてもらいましたが、ここで書きたかったのは、お腹の中の子の性格が母親の精神状態に影響を与え、妊娠中の私の言動を変えたということです。私はそれをしっかり感じたのですが、同じ思いをされた方はいるでしょうか？　妊娠中に母親が感じたことが、生まれてきた子の性格そのものなのです。

本当に不思議でした。そして間違いなく私の分身と感じた時でした。

心の強さを育てて

子どもが小学生の時、よく家にお友達を呼んで遊びに来てもらいました。少しでも子どもの様子を知りたかったからです。友達との関わり方、遊び方などが見えるので、我が子がどのように成長しているかが分かります。

子どもが小さい時、外で遊べるように庭を広くしていたので、女の子も、男の子も外遊びが大好きでした。しかし、当時はテレビゲームの全盛期。中には、皆が外で遊んでいても、家の中で一人でテレビゲームに夢中になっている子もいます。その他にも、友達に乱暴する子、お山の大将のように威張る子、仲よく遊べる子など様々です。子どもたちの世界を見て、「我が子はいったいどういう立ち位置で友達と関わっているのだろうか?」「もし、我が子にまずいことがあれば今なら直せる」、そんな思いで観察していました。友達を思いやることができた時にはたくさん褒めます。その逆に、意地悪をしたらじっくり話します。「もし自分が同じことをされたらどう思う?」と必ず聞きました。自分の気持ちに置き換えると分かるようです。「友達と仲良くすること」は簡単そうに思えますが、大きな意味を持つと思います。友達のために我慢をしたり、優しくしたり、喧嘩をしたりして心も成長していくのではないでしょうか。人と交わり、人と関わっていくのが当たり前と思っていた私は、現在の引きこもりや不登校などといった、社会からの離脱は想像もできませんでした。また、それを良しとする考え方にも同調できませんでした。嫌なら行かない、やりたくないならやらないというのは、とても逃避的な考え方だと思うのです。殺したいから殺す、いじめたいからいじめる、こんな心の弱さを黙認する大人がいることにも驚きです。まだ世間も知らず、「人間とは」などと考える時期にも至らない小さなうちから本人の心の赴くままに決断を任せ、子どもの意思を尊重しようと声高に口外する親御さんに驚きを感じたものです。親の導きがまだまだ必要な時期に子どもに任せるというのはあり得ないと思うのです。嫌なことを避けて、やりたくないことをせず、自分の心のままに生きていくだけで社会で生きていけるのでしょうか。

社会では辛いことに直面したり、失敗したり、上司に叱られたりいろいろなことがあります。楽しいことよりも、その何倍も辛いことのほうが多いのではないでしょうか。

子どもたちには反省すべき時は反省し、そこからやり直す強さを持ってほしいと思いました。自分が失敗したから、あるいは、間違ったから叱られたり注意されたりする。そんな時は素直に謝り、二度と同じ過ちを繰り返さないこと。そして素直でいることがどれほど人間を成長させるかを教えました。

　ある日私が、「一番大切なことは素直な心だよ」と言ったら、娘が一言「お母さんは、いつもいろいろな話をしてくれる時に『一番大事なのは……』と言うので何が本当に一番大事なのか分からなくなる」と言われ、一瞬言葉に詰まりました。

　人生、社会に出てからが長いので、挫折することがあっても失敗することがあっても、いつも前を向いて這い上がってほしい、自分を見失うことなく夢を見続けてほしいと願う気持ちが強すぎて、つい力説していたのでしょうか。そんな子どもたちも今は、それぞれ２人の子どもを持つ親です。躓《つまず》いたり、転んだりしながらも夢を真っすぐに見て各々《おのおの》の道を歩んでいます。

恩師の後継者、二代目寿芳《じゅほう》貴《き》さんの名取襲名披露で親子揃っての出演

息子、中学校３年生で本格的に舞台経験。三社祭り（悪玉役）。

小学校4年生の時。オーケストラとの共演。

娘、小学校5年生の時。大物の連獅子を母と共演。

娘、小学校３年生の時。初舞台「鞍馬山」。

息子、中学校３年生の定期試験を控えての舞台。右手人差し指を骨折しながらも舞台を務めた。左は師匠のお孫さん。後に若手舞踊家大会で最優秀賞を受ける。

第3章

私について

ここまでいろいろと述べてきましたが、勿論、子どもの頃から今のような考え方だったわけではありません。両親の庇護のもとで育った頃の私、結婚し嫁いでからの私、仕事人間の時の私、ありとあらゆる場面で人との出会いがありました。こうして人生を振り返ると、実に多くの人との出会いがあるものです。同じ親から生まれた兄弟ですら性格が違うわけですから、他人さまと同じはずがありません。若い時には自分と違う意見に耳を傾けることもなく、自分の考えで突き進み、失敗したらやり直せばよいとばかり粋がっていました。しかし、年を重ね振り返ってみると、多くの人との出会いの一つ一つから学んでいた自分に気が付くのです。悪い出会いであっても、そこから何かを学べることに気が付きました。

幼い頃、父が「敦子、お前の一番の長所は素直なところだ」と言ってくれました。子どもの頃はその素直さがどのように良い影響があるのか分かるはずもありません。しかし、大人になって働く人を見ていると、素直がなぜ良いことなのか分かってきました。そんな私でしたから、出会った人たちの多くの言葉、言動から実にたくさんのことを学ばせていただきました。現在の私の考え方や生き方にたどり着くきっかけとなった出来事や人生形成に大きな影響を与えたものを記載していきます。

日本舞踊の舞台

まずは、これまでにも何回か触れた日本舞踊についてです。小学校3年生の時、家の裏に引っ越してきた花柳寿登芳《はなやぎじゅとよし》師匠のもとに毎日のように子どもたちが通ってきていて、「何をしているのかしら?」と不思議で裏の家に見に行きました。すると、聞いたこともない歌や賑やかな音楽（邦楽）が聞こえ、ますます不思議！　開けられていた窓の格子から中を覗いてみると子どもたちが踊っていて、とても楽しそうでした。見ているだけで楽しいのです。この日から学校から帰ると鞄を下ろし、踊りを見に行くのが日課になりました。私より1つ上の娘さんがいらっしゃり、すぐにお友達になって遊んだりもしたのですが、やっぱり踊りを見ていることが好きでした。
そんなある日、師匠が中から手招きで私を呼ぶのです。「いらっしゃい」の言葉に何も分からない私は、遠慮することもなく中へ入って行きました。すると師匠は「踊りが好きなのね」と言いながら私に着物を着せ、他の子どもたちと一緒にお稽古をつけてくださったのでした。これが私の踊りのスタートでしたが、この先、何十年も関わっていくことになるなど、予想できるはずもありませんでした。

寿登芳師匠は、長唄・人間国宝東音《とうおん》宮田《みやた》哲男《てつお》先生はじめ長唄囃子笛方・人間国宝寶《たから》山《さん》左衛門《ざえもん》先生など素晴らしい方たちをお招きし、発表会を開催しておりました。「本物でなければやらないほうがよい」とまでおっしゃり、釧路の人に本物を聞かせたい、見せたいとの強い信念で会を運営してきました。地方さん、鳴り物さん、衣裳さん、顔師《かおし》さん、狂言方《きょうげんかた》、そして大道具に至るまで東京からお呼びし、歌舞伎座さながらの舞台を作ってしまうのです。当時は当たり前のように受け止め、舞台に立たせていただいていましたが、師匠亡き後、それがどれほど大変なことだったか、そしてどれほど幸せなことだったか、改めて感じました。舞台に立たせていただいた私たちは勿論、この釧路で本物の舞台を見せていただいた市民の皆さまにとっても、日本文化の素晴らしさを体感できたことと思います。踊ることがすべて、踊りのためならすべて投げうってもよいと信念を持ち、さらに私を感動させたのは、毎回初心者の心でいらっしゃることです。どんなに世間が認めても、高い評価をいただこうともいつも反省なのです。常に「駄目だった……」と省《かえり》みていらっしゃり、どこが駄目なのか私には分かりませんでしたが、これが師匠の最大の武器だったのではと今になって思います。慢心しないことで、ご自身の芸をさらに磨き上げ、見る人の心に響いていくのです。

　これだけの舞踊家をこの釧路だけに留めておいてよいのだろうかと、師匠とお話ししたことがあります。しかし、師匠曰く、「この釧路だからできたのよ」と。

「えっ、なぜ？」

　若い頃の私は、師匠の踊りを東京にも広め、もっと多くの人に見てもらいたい、こんな地方で埋もれさせるのは勿体ない、もっと高みに行ける方なのにと残念に思っていました。釧路を愛し、釧路のためと言いながら、いつも街のために踊っていました。私たち弟子にもその郷土愛をしっかり根付かせたのです。

　ある年、お稽古場を新築し、その引っ越しのお手伝いをした時のことです。以前から私が踊り以外に何かを学ぼうとした時、「本物になりたかったらよそ見をするな！」と叱られることがありました。その時はどうしてなのかすぐには理解できませんでしたが、師匠の荷物整理をして本当に驚きました。何もかも踊るための物だったのです。踊る以外の物は一切ありませんでした。踊りをさらに深めるための物、踊りに関する書籍など、一つ一つ言葉で表せるほど軽いものではありませんでした。私は衝撃を受けました。師匠が本物たる所以《ゆえん》を見た思いでした。逆に、「こうでなければ本物にはなれないのだよ」と見せつけられた気持ちになりました。

　私の能力では師匠の万分の一も表現することはできませんでしたが、数少ない、本物の舞踊家から教えを受けたことが、私の大切な宝物です。お稽古は厳しく、何度も何度もやり直し、特に師匠の創作物はイメージ通りにいくまでやり直しです。出演も多く、その度に演目のお稽古もします。当時は忙しすぎて少し休みたいなどと罰当たりなことを考えるほどでしたが、後になって分かるありがたさです。

　また、師匠はとても器用な方で、衣裳、小道具など本舞台以外は作ってしまいます。

アイデアとセンスが素晴らしく、生地にはさみを入れ簡単に見本を作るのです。その後を私たち弟子が同じように作っていき、数を揃えていきます。立派な衣裳と小道具です。

　ある年のお祭りの前夜、皆で衣裳の修理や小道具の整えなどの作業をし、空が明るくなってから帰宅しました。少しの仮眠をとって山車《だし》に乗るため再度お稽古場に集合し、山車の出発です。昼食後のことです。寝不足と照り付ける日差しに、何人かが居眠りを始めたのです。それもメイン会場の大通りでのことです。山車も舞台と同じと教えていた師匠ですから、さあ大変！　仲間同士、起こしあうのに苦労しましたが、後で大笑い。懐かしい思い出です。

　このようなことが何度かあったのですが、師匠自らが針を持ち、はさみを入れる姿を幾度となく目にしている私たちは、黙ってついていけたのですね。「ステージに上がってスポットを浴びて踊るだけが踊りではないのよ」と教えられました。

　子どもの頃から数えると50年以上、お傍で踊らせていただけた私は、踊り以外にもたくさんのことを教えていただきました。お陰様で社会人として生きていく中で、どんな場面でも、どんなことにも音を上げることなく、やりこなせる自分がいたのです。今時、根性論なんて！　と若い人には笑われますが、何でも経験したことは自分の力になると断言できるのは、私の実体験があるからです。師匠、ありがとうございます。

話を舞台に戻します。最初に書きました人間国宝の先生たちが舞台に並ぶその前で踊る怖さと緊張たるや、想像を絶することはお分かりいただけますでしょうか。東京にいてもそれなりの名の通った舞踊家の皆さんの地方《じかた》（日本舞踊で伴奏・演奏をする人たち）を務める方たちでございます。数年に一度ですが、我が師匠の会にお越しくださり、その先生たちが口々に師匠のことを「北のこの地に素晴らしい舞踊家がいる。師匠は既に役者です」と称えてくださいました。師匠に声をかけられたらいつでも参上しますとも……。この事実をもっと地域の人に分かってほしいと願いました。踊りを見て、あら素敵ねとか良いわねではなく、どれほどの舞踊家がこの釧路にいるのかを分かってほしかったのです。踊りなら皆同じではないのです。そんな思いでいつも悶々としていましたが、当の師匠は決してその思いを外に出すことなく、決まったように「釧路のため」を繰り返すだけでした。本物の舞台を見せたい。その一念を貫き通し、踊りぬいた一生。誰も真似できない見事な一生。師匠が作り上げてくれた舞台に上がれた幸せは上がったものにしか分からないかもしれませんが、すべての支度が済み、出番を待ちながら「なんて幸せなのだろう？　こんな体験は誰でもできることではない。今この瞬間が無駄にならないようしっかり、されど思い切り踊ろう」と、舞台の袖で自分に言い聞かせていたのが昨日のことのように思い出されます。

１人目が私の生母、２人目が夫の母、３人目が花柳寿登芳師匠、４人目が柴田俊子様。こんなに母に恵まれた私ですが、それぞれの母にいろいろなことを教えられました。私が勝手に３人目の母とお慕いした師匠。最期が近い病室で２人で扇をかざす振りをして踊ったこと、嬉しかったです。

未だに心に残る先生

私が小学校５、６年生の時に受け持っていただいた担任の先生です。既に他界されましたが、未だにお顔も鮮明に思い出されるほど尊敬していました。Ｍ先生という千葉出身の比較的若い先生と記憶しています。子どもでしたからどんなに若い先生でも威厳を感じていましたので、実年齢よりは上に見えていたと思います。

昭和35年のことです。大人たちは戦後の復興を終え経済成長へと向かう真っただ中だったのではないでしょうか？　世の中が気ぜわしく活気を帯びていたような気がします。学校はというと家庭格差が見え始め、親の教育方針の違いで子どもたちにも差が出始めていました。勉強のできる子とできない子。しかし、「できない」の中にも、家庭の環境で勉強ができない子などもいました。

先生は各家庭を回り、子どもたちの様子を見て回りました。特別誰かを可愛がることはせず、皆に平等に接し、全員の学力を心配されました。勉強のできる子とできない子を組み合わせて5〜6人のグループを作り、各家庭にお願いし放課後どこかの家で勉強会を開かせたのです。分かっている子が分からない子に教え、少なくとも私のグループは真面目に勉強に取り組んでいました。先生はその数日後必ずテストをしました。そしてグループを競わせるのです。また、個人では「漢字大名人」「計算大名人」を作って競わせました。今では考えられないことですが、子どもたちは燃えました。一番になりたくてグループで勉強するのです。

勉強の仕方もできる子から学びました。漢字の読み方や書き順、意味をまとめたノートを作る楽しみを知ったのもこの時です。また、ある時はグループ対抗で合唱会です。とにかく一人が抜きんでるのではなく、グループの皆が苦手をなくすのです。勿論、特別勉強のできる子、歌の上手い子はいましたが、自慢することもなく、グループの皆と肩を並べて過ごしていました。そのようにしてクラスみんなの力を底上げし、素晴らしいクラスを作り上げたのです。中学校では3つの校区に別れバラバラになりましたが、学力が校内トップもしくは上位になったり、生徒会で活躍したり、これら各々の成長はすべて先生の導きです。卒業する時、先生が書いてくださった一人一人へのメッセージはずっと大切にとってありました。勉強の仕方、面白さを教えてくださり、私を引き上げてくださった先生からいただいた言葉は、

「やはり底力はあった。素晴らしい宝物です。これからも頑張ってください」でした。

ありがとうございました。この時があっての今の私です。

次に、高校時代の商業簿記のO先生のお話です。私が高校2年生の時ですが、急性

肝炎になり1か月ほど入院し、学校をお休みしなければなりませんでした。すると、検定試験が近づいていたことや授業の遅れを心配された先生が、私を自宅に呼んで補修をしてくださったのです。同級生と2人でお邪魔しました。奥様が夕食にカレーを作っていてくださり、それをいただいた後、猛勉強です。野球部の監督をされていましたので普段の授業も厳しく、メリハリがありました。お陰様で検定試験も無事合格し、本当にありがたく感謝したのは言うまでもありません。

しかし、その1年後、先生は心臓病で突然亡くなられたのです。いったいなぜ？　衝撃が走りました。野球部の人たちも泣き崩れ、葬儀の棺を担げませんでした。ただただ呆然とし、涙を流していた自分がいます。先生によく似た、目を真ん丸に見開いた男の子を奥様が抱いていらっしゃる姿が、余計悲しみを誘っていました。先生、先生、ありがとうございました。叫びに近い感謝の言葉でした。

人生を変えた大きな出来事

私には、この年齢になっても忘れられない大きな出来事があります。

中学校3年生の時のことです。市内には、当時進学校として最も難関と言われる高校がありました。学力さえあれば誰でも受験できるはずで、その高校を目指し頑張っていた人も多かったと思います。私もその一人でした。ところが、当時の関係機関は学校の差がありすぎることを問題視し、各校のバランスを取るために厳しい区域制を敷いたのでした。1校だけが抜きんでるのではなく、市内にある高校全体が底上げされることを目的としたのだと思います。このことが発表され、俄《にわ》かに町中が騒がしくなったことを鮮明に覚えています。

結果、私の住む家は目指していた高校の区域ではなくなりました。近所には何人かの優秀な男子生徒の家がありました。私も志望校を諦めなければならない悔しさと不安でいっぱいでしたが、男子はもっと深刻だったと思います。果たして市内の他の学校が同じレベルまで引き上がり、望む大学に行くことができるのだろうか？　その後の就職は？

などと人生を大きく左右されてしまうのです。親たちが集まっては話し合い、とうとう関係機関まで直談判《じかだんぱん》に行きました。

しかし、何度、お願いしても決定が覆《くつがえ》ることはありませんでした。私の場合、「進学校の区域に親戚はいないか？」と担任の先生が訪ねてこられ、住所を変えて受験することを勧められました。ですが、多感な年頃です。嘘までついて希望をかなえるなんて嫌という自分がいました。当時は世間を知らず、どこへ行っても自分が頑張ればきっと望みはかなうはずと思っていたのです。

学校格差をなくすという崇高な考えの下で断行され、15歳の私たちは厳しい選択をしなければなりませんでした。進学を希望していた私はとにかく普通高校へ行くしかないと思ったのですが、父は目指していた高校へ行けないのなら進学は諦めなさいと、当時倍率も高く、人気だった商業高校を勧めたのでした。大学へ行くことを諦めきれなかった私は、願書を出すぎりぎりまで父に頼んだことを覚えています。しかし頑固な父が折れてくれるはずもなく、暗く沈んだ日々を過ごし、受験勉強も投げ出すほどでした。

でも私は、まだ女だから良いほうで、同級生の男子は本当に気の毒でした。学力優秀な人たちが、この現実を受け入れたその先に何が待っているのでしょうか？　区域内の高校は新設校ですべてが未知数です。

こんなに子どもたちに影響を与えた改革でしたが、許せないのはこの翌年、たった1年で区域制を廃止したことです。聞けば、合格者の平均点が著しく下がった市内有数の進学校が改革に猛反対したことによるものだそうです。こんなに簡単に覆すのだろうか？去年1年は何だったのだろうか？　たった1年の悲劇！　あれから50年以上経った今でも許せない大人の暴挙です。優秀だったクラスの男子のその後を知るものとして、また、人生を変えられた私からもお願いしたいのは、多くの人を犠牲にしてまで実行したなら、目的が達成するまでやり通してくださいということです。やり通してこそ本物と思います。子どもたちはしっかり見ているのです。

私の母

私が23歳の1月の時のことです。母が脳卒中で倒れ、これ以上治療はできないと自宅で療養していたのですが、時間の感覚も食事の感覚もなく、食事が済んだばかりなのにどこからか食べ物を見つけては布団に持ち込み座って夢中で食べたり、とんちんかんなことを言ったりで目が離せる状態ではありませんでした。そんな最中のことです。私の頭の後ろにこぶのようなものがあることに気が付きました。母の通院日にかかりつけのお医者様に、そのこぶの話をするとすぐ大きな病院に行くように言われました。診察の結果は、骨腫瘍で手術しなければいけないとのことでした。

　母は寝たきり、２人の姉は阿寒と横浜に嫁ぎ、家には父と兄と弟の男手ばかりで途方にくれたのですが、幸いにも兄も弟も簡単な食事の支度はできたので、病院の指示する日に手術を受けることにし入院したのでした。

　先述の通り、その当時の母の容態は、寝たきりで話は通じず、何をするか分からないので目が離せない状態でした。そのため、私の手術のことは一切話さず、入院したのでした。そうして手術当日、知人に留守番をお願いして、輸血のための待機などで父をはじめ、兄と弟も病院に来ていました。当時12時間に及ぶ大手術の麻酔から覚めて異常な頭の重さと痛みを感じ始めた頃、寝ていたはずの母がいない、と病院に連絡が入りました。父たちはパニックだったようです。麻酔が早く切れるようにテントをかぶせられていましたが、母がいない？　どうしようと心配する自分がいました。北国の1月です。厳寒の中、寝間着1枚でどこへ？　術後を心配していた父も私どころではなくなり、皆、母を探しに行ってしまいました。そうこうしているうちに、テントの中に送られる酸素の音とは違う間隔で聞こえる音に気が付きました。じっと耳を澄ましていると、それは寝息です。なんと、私の寝ているベッドの下から聞こえてくるではありませんか。もしかしたら母がここへ来たのかしら？　すぐにナースコールを押し、看護婦さんに見ていただきました。すると、母が私のベッドの下で寝ていたのでした。

何も理解できない母が、どのようにここの病院を知り、家から歩いて40～50分かかるところまでどのようにやって来たのか？　今日が手術だということがなぜ分かったのか？　どうして私の病室が分かったのか？　私は矢継ぎ早に自分に問いかけていました。と同時に、とめどなく涙が溢れたのです。親の愛の深さがありがたすぎて、申し訳なくて辛すぎました。

何も分からない様子だったのに、子どものことはしっかり聞いていたのですね。母の愛は海より深し、親の愛に勝るものはなし！　などと言われますが、本当にその通りです。この言葉を忘れず、私もいつか子どもができたら、我が子に同じように接し、同じように感じてもらえるよう、我が母を理想の母としてその姿を描き続けたいと思いました。

私が社会でしてきたこと

会社を創立して2年を過ぎたくらいの主人と結婚したのが昭和50年3月のことでした。それ以前は、釧路市内にまだ一軒もなかったブティックと喫茶店を弟と経営していましたが、結婚と同時にブティックは閉店。その後2年間は専業主婦として過ごしましたが、元来の仕事人間の気質が家庭にいることを好まず、主人の会社を手伝い始めました。ビルメンテナンス業と清掃用品販売の会社で、釧路市内は大手同業者が殆どのシェアを占め、当社はかなり後発の地元企業でした。昼間は事務所で事務の仕事、夕方や早朝は主人と共に現場から現場へと作業に向かいます。子どもはいないし、体を使うことは苦にならなかったので、嫌と思うこともなく、綺麗になった現場を見ては満足する日々でした。主人は常に「人の3倍働こう！　人の休む時に働こう！」が口癖で、そうして初めて人と肩が並ぶのだと言って働きづめでした。早稲田大学卒業後、自動車販売会社で営業をしていた彼は、筋金入りの仕事人間でした。

「悪いこと以外、何でもやろう」と私を奮起させるのです。女ながらに建築現場の足場に上ったり、ビルの9階の窓から身を乗り出しガラス拭きをしたり、風の強い日に屋根の上に上ってしがみつきながら防水工事をしたことなど懐かしく思い出されますが、子どもの頃のお転婆気質が幸いして苦労を苦労とも思わずにいられたのだと思います。

　こんな生活が8年ほど続いたクリスマスイブの日、校舎の清掃があり何人かで働いていたのですが、若い作業員さんもいたのでケーキを買ってワゴン車の中で皆で食べました。仕事をしながら辛いとか、嫌だと感じたことがなかった私ですが、この時ふと「こんな生活いつまで続くのかしら」と初めて思ったのでした。

　その翌年、私のつぶやきを神様が聞いて可哀想と思ったのか、会社が順調に伸びてきたのです。そして妊娠。とにかく仕事が好きな私は身重でも行けるときは現場に入りました。臨月まで現場に入り監督さんを困らせたこともありましたが、その仕事が最後の現場となりました。出産後は前述の通り、事務所で仕事をしながら育児との両立を心がけました。

２年後には、街で小さな時からお世話になった日本舞踊の花柳寿登芳師匠と再会して、当時釧路市の様々なイベントに引っ張りだこの師匠のお手伝いにも参加させていただき、仕事に、踊りに、育児に、と忙しい中でも全く違う世界を楽しんでいました。

会社のパートさんも50人から１００人、気が付いたら３００人を超える人が働くほど順調に売り上げを伸ばし、大きくなっていきました。ビルメンテナンス業に加えて総合警備業も新たに始めたのですが、スタートの構築には私が関わることも多く、札幌にも営業所を出すなど出張も多くなっていきました。そんなフル回転の中でも、奉仕団体に加入してどんどん時間が削られていくのですが、「子育ては取り返しがつかないのよ」という先輩お母さんの言葉が戒めのように聞こえてきました。育児は手を抜かないと自分に言い聞かせ、子どもたちが中学に行く前までは一緒に勉強していました。立ったまま眠る経験をしたのもこの頃です。

その後、ボランティアに目覚めたのか仲間を募り、視覚障害のヴァイオリニストの川畠成道氏を招きコンサートの開催、地元音楽愛好家や子どもたちとの共演を企画。川畠氏が中学校の教科書に掲載されていたので学校訪問コンサートを企画するなど、10年以上にわたって招請を続けました。クラシックファンの少ない釧路地域で１５００席ほどの客席を何度も満席にし、満席でない年でも１０００名の来場者を数えたのは驚異的でした。また、この10年では、釧路で13年振りの海外オーケストラによる公演も２度開催しました。１回の公演には総額１０００万円以上の経費がかかります。それでも無理と言われながらも大成功に導き、市民の皆さんに喜んでいただくことができました。この時の海外オーケストラというのが、今はメンバーの行方がバラバラになってしまったキエフオーケストラです。２０２２年、ロシアの侵攻により戦争に駆り出されてしまったのです。それ以前は音楽には国境がない、世界は繋がっているなどと実感していました。平和に暮らしていた人たちのすべてを突然奪い、苦しみや悲しみ、憎しみしか生まない戦争をなぜ始めなければいけないのでしょう。美しい街並みや、受け継がれてきた芸術文化が一瞬にして破壊されていく状況は目にするのも辛いです。

また他には、釧路動物園にキリンもゾウもいないので「買ってあげない？」と誘われ、びっくりしながらも事務局としてお手伝いしたこともありました。チャイルズエンジェルとしてサンディエゴまで行ったり、募金活動、バザー、絵画展などをして総額５０００万円以上の募金を集め、キリンの寄贈が実現しました。冬でも寒くないようにとキリンを観覧する小屋も作り、子どもたちは大喜びです。

この他にも求められることには積極的に関わってきましたが、２０１７年12月、突然、大動脈解離を発症し、危篤宣告を受けました。１月に大動脈置換手術、２０１８年９月には心筋梗塞カテーテル手術、２０１９年12月卵巣癌宣告を受け、翌１月摘出手術を行い、その後、抗癌剤治療と相次ぐ病気に見舞われたのでした。流石に癌を宣告された時にはショックや悲しみは感じず、誰にぶつけるでもなく、よくもこれだけ病気が続くものだとあきれ果てていた自分がいました。クリスマスイブの日に宣告されたのですが、これが今年のプレゼントなのね？　などと考えていた私でした。元来、プラス思考の私は、抗癌剤治療で苦しい時を除いて今まで通りの生活を心がけました。家で安静にしているのは性に合わないし精神的に駄目になってしまいそう、とすべて病気前の生活に戻しました。

手足にしびれが残っているので、日本舞踊の舞台には立っていませんでしたが、お稽古は自分にとってのリハビリとして続けています。くしろ子ども未来塾は私の生涯かけての仕事、体が続く限り頑張っていきたい。楽しみに待っていてくれる子どもたち、共に頑張る先生やスタッフの皆さん。子どもたちの笑顔が私たちにも幸せを運んでくれます。

女性は何度生まれ変われる？

若い頃、私にも夢はありました。しかし、昭和48年、もともと病弱だった母が今度は交通事故に遭いました。看病のために釧路に戻り、母との時間を大切にしました。弱冠23歳でしたが、当時で資本金1億円の会社の経理を任され、仕事が面白く、新規事業の会社を任せたいとのお話があったばかりでした。父はそんな私の仕事を見て、母にあの子は仕事で頑張っているから、釧路にはもう戻らないと思うと話していた矢先のことだったのです。

母の事故の知らせを受け、帰郷した私が目にしたのは、父と兄と弟、男の人だけで看病している状況でした。物静かでいつも優しい笑顔でほほ笑んでいた母が横たわっている姿を見た時、もう駄目、釧路に帰ろうと思ったのでした。

いつも寂しそうにしていたのに、一度も帰ってきてとは言わず、私のしたいようにさせてくれた母でした。私は、まだ若いからいつかきっとやり直しができる、と釧路へ戻りました。夢を描きながら働いていた私が、少し築き上げた自分の世界を諦めた瞬間です。またいつか新たな人生を歩めるのだから、今は諦めて生まれ変わろうと思った最初の決断でした。

2度目は、結婚です。長男の主人、明治生まれの舅で厳格な家庭に、下町で大勢の家族の中でがさつに生きてきた私が嫁ぎました。主人の友人に仕組まれたお見合いでした。しかし、当時結婚する意志が全くなかったので、釧路を離れ、既に結婚して埼玉に住んでいた姉の所に暫く身を寄せていました。

ある日、病後だった私は高熱を出し寝込んでしまいました。その時ふとなぜか主人のことが思い出されたのです。私より6歳年上で大人の雰囲気、相手の心を思いやる気づかいと物言い、何よりも温かさを感じ、もう一度会ってみようと釧路に戻りました。そして交際1年後、結婚したのでした。でもそれからが大変、育った環境も何もかも違います。それぞれの家庭のルールも違います。戸惑うことばかりです。私は今よりは従順なところがありましたので、夫について行こうと自分に言い聞かせるのですが、合わせようとすると今までの自分ではなくなるのです。違いを感じ悩んでいるうちに、結婚したのだから仕方がない、自分を捨てて生まれ変わるしかない、相手に合わせて生きようと、いとも簡単に気持ちが切り替わりました。これが2度目の生まれ変わりでした。現在では家庭の全権を握り、一方的に強い私の姿からは想像できないと思いますが、当時は本当に理想の妻を演じていたのです。

3度目の生まれ変わりは、言うまでもなく子どもが生まれた時です。この3度目が一番きつかったでしょうか。この時は何かを捨てることより、初めての経験に緊張し、怯え、その不安を取り除くために必死に育児書を読みながら、母親として一緒に成長していかなければなりませんでした。そんな中でも仕事は待ってくれません。仕事と育児の両方をこなすことで精いっぱいで、自分の時間などどこにもありません。「ああ、私がなくなってしまう」と嘆いたこともあります。でも赤ちゃんが成長すると同時に、日一日と可愛さが増してくるのです。目に入れても痛くないとはよく言ったものです。純真な寝顔を見ていて「お腹を痛めて生んだ私の子。子どものために生きよう」そう心に誓ったのでした。気持ちを切り替えると、自分の欲求などどこかへ飛んでいきました。

あれだけ何かをしたいと挑戦していた私は、もういないのです。母として心を切り替え、新たに歩み始めた私。手をかければかけたように育っていく我が子を見る楽しさがすべてに勝ってきたのです。子どものために生まれ変わった3度目はなんて幸せなのでしょうか。

ヴァイオリニスト川畠成道氏のコンサートと地元でのチャリティ事業を10年間続けて。

「鷺娘」ラストシーン。

師匠の創作舞踊。湿原に住む丹頂を舞いました。

6人の女性からスタートした、動物園にキリン（スカイ君）を寄贈する活動のメンバーに入れていただいて……。

大好きな鷺娘を踊らせていただきました。

「巽船頭」での一ポーズ。酔っているところを演じています。

おわりに

「子どもの可能性は無限大であり、その可能性を引き出す環境づくりは親や周囲の大人にしかできない」というメッセージを伝えたく筆を執るという無謀なことに挑戦いたしました。いざ書き始めると私の周囲の人たちの生き様が気になってきました。人にはそれぞれドラマがあるのだろうと思います。それを書くか書かないかの違いであって、こうして書いている私が特別なわけでもなく、恥ずかしさを知らないだけなのかもしれない。何度も心とペンが折れそうになりました。

くしろ子ども未来塾という全国的にも珍しい子どもたちの健全育成の支援活動。これは自分の育った環境があって、さらには釧路地域の現況などあいまってのことだったわけですが、与える環境で子どもたちは大人の想像を超える成長の姿を見せてくれると実感していた私は、少しでも子育ての力になりたいと我が子を育てた実体験をもとに設立しました。子どもの成長に上限を決めてここまでできれば良し、とレールを敷く親御さんがいますが、とんでもない！　子どもは屋根のない空のようにどこまでも伸びると叫びたかったのです。地方都市であっても、すぐには目標に手の届かないところにいても、いつか必ず、手が届くのです。そこで夢を見ることから始めてみてほしい。「夢を見る子は強い」と言い続けてきました。逆に、夢がなければ何を目標に頑張るのでしょう。

　私自身、貧しさから這い上がりたいと思った時、考えても良い方法など浮かぶことはありませんでした。10代の頃、何もない自分は「ただ一生懸命頑張るしかない。頑張ることできっといつか幸せになれる」そう言い聞かせ、小さくてささやかな夢を描くことから始めました。一つ実現しては次の夢、というように掲げていきました。夢をかなえるために頑張る。この繰り返しが知らず知らずに力となっていったのです。

　何もない中からつかみ取っていく人は、きっと同じ思いをして今日を築かれていると思います。未来塾では子どもたちも初めてのことに目を輝かせて挑戦しています。できるようになるためには何度も練習し、努力して頑張っていますが、子どもたちは終始笑顔です。頑張る子どもの姿を見る親御さんも笑顔です。優しさに溢れた未来塾の光景です。未来を担う子どもたちが明るく逞しく、そして賢く育ってほしいと願い、一石を投じましたが、その輪が広がることを願っています。

〈著者紹介〉

吉田敦子（よしだ あつこ）

昭和24年釧路市生まれ。

高校卒業と同時に上京し、専門学校に通う傍ら会計事務所やゴルフ場経営会社などで働き経理を任される。４年後、母の交通事故をきっかけに帰釧しそのまま故郷釧路に定住する。

家業の経理を見ながらも起業を目指し、23歳で釧路第１号となるブティックを開業。同時に８歳から始めた日本舞踊にも再び通い始め、翌年名取を取得する。

昭和50年、結婚。２年後、夫の経営する会社の経理として勤務し、夫との二人三脚が始まる。以後、家事、仕事、踊りの３つをこなす。この間２人の子供を授かり、子育ても加わる中、様々な地域貢献にも尽力し七変化にも似た人生を歩む。

子育てを通して垣間見た、経済格差による子供たちの成長の違いに胸を痛め、夢を諦めない子ども達を育てたいと願うようになる。

2012年、構想から20年近く経てくしろ子ども未来塾を開設し、現在は理事長に就任。

2017年からは日本舞踊教室も開設し、日本文化の普及に努めている。

2017年12月の大動脈解離に始まり翌年心筋梗塞、2020年卵巣癌と、立て続けに罹患する。

摘出手術を受け抗癌剤にも苦しむ中、肉体は元気になっても心が駄目になってしまってはいけないと思い、病気前の生活に戻すことを自分に課し、空白の３～４年を忘れさせる復活ぶり。

一度危篤宣告を受けたことから、今この瞬間をおまけの人生と思い、やり残しのないよう過ごしている。

子《こ》どもの可能性《かのうせい》を引《ひ》き出《だ》す魔法《まほう》

2023年12月15日　第1刷発行

著　者　　吉田敦子
発行人　　久保田貴幸

発行元　　株式会社 幻冬舎メディアコンサルティング
〒151-0051　東京都渋谷区千駄ヶ谷4-9-7
電話　03-5411-6440（編集）

発売元　　株式会社 幻冬舎
〒151-0051　東京都渋谷区千駄ヶ谷4-9-7
電話　03-5411-6222（営業）

印刷・製本　中央精版印刷株式会社
装　丁　　堀稚菜

検印廃止

Printed in Japan
ISBN 978-4-344-94272-1 C0037
幻冬舎メディアコンサルティングＨＰ
https://www.gentosha-mc.com/